ÉTUDES

SUR

LA GÉOGRAPHIE ANCIENNE

APPLIQUÉES

AU DÉPARTEMENT DE L'AUBE

GI

ÉTUDES

SUR LA

GÉOGRAPHIE ANCIENNE

APPLIQUÉES

AU

DÉPARTEMENT DE L'AUBE

PAR

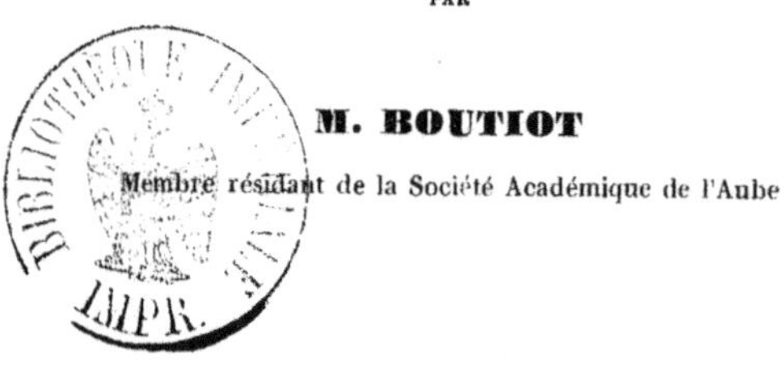

M. BOUTIOT

Membre résidant de la Société Académique de l'Aube.

PARIS

TECHENER, LIBRAIRE, RUE DE L'ARBRE-SEC, 55

TROYES

BOUQUOT, LIBRAIRE, RUE NOTRE-DAME

1861

Tiré à **127** exemplaires :

100 sur papier ordinaire,
27 sur papier vergé.

L'étude de la géographie ancienne des contrées composant le département de l'Aube présente.de sérieuses difficultés. Ce travail, pour nous plein d'attrait, était sans doute au-dessus de nos forces, néanmoins, nous avons eu la hardiesse de l'entreprendre.

Pour embrasser cette étude dans son ensemble, nous ne devions pas nous borner à consulter les documents laissés par les annalistes des premiers temps de notre histoire, et nous arrêter aux ressources fournies par les actes datant de l'origine de la monarchie française. A ces documents, il fallait joindre des renseignements puisés à d'autres sources, présentant un degré de certitude au moins égal à celui que l'on peut accorder à toute œuvre humaine. Aussi, avons-nous appelé à notre secours quelques-unes des sciences naturelles, telles que la géologie, l'hydrographie, etc. Nous avons aussi cherché à nous rendre compte de l'étendue et de l'importance des anciennes et primitives forêts qui couvraient le sol. Nous avons invoqué le témoignage de l'histoire et de l'archéologie. Nous avons consulté les auteurs, afin de connaître les faits; nous avons fouillé le sol, afin d'interroger les ruines. Nous avons fait nos efforts pour retrouver, dans notre contrée, les traces de deux civilisations, dont la dernière fut engloutie, il y a bientôt quinze cents ans, sous les flots tumultueux des barbares du nord. Nous avons ensuite, et autant que nos facultés nous le permettaient, recherché les vestiges de la langue primitivement parlée sur les bords de l'Aube et sur ceux de la Haute-Seine, en étudiant les noms des cours d'eau, ceux des régions naturelles, et enfin ceux de quelques-uns des villages compris dans notre département.

Après avoir coordonné ces éléments puisés à des sources bien diverses, et dont l'étude préalable était nécessaire, indispensable, nous nous sommes occupé de la géographie proprement dite. Nous avons tenté de reconstituer les *pagi* celtiques; nous avons signalé les différentes circonscriptions auxquelles nos contrées ont appartenu sous l'administration romaine. Nous avons rappelé la formation du diocèse de Troyes et de ses subdivisions. Nous nous sommes expliqué ensuite sur les *pagi* et les comtés des temps mérovingiens et carlovingiens. Enfin, nous avons recherché, soit à l'aide de l'archéologie monumentale, soit à l'aide de la philologie, de l'histoire et des documents paléographiques, quels étaient les lieux habités, avant l'an mille, dans les contrées aujourd'hui limitées par le département de l'Aube.

Tel est le plan auquel nous nous sommes soumis.

Nous espérons nous être approché de la vérité, et

si nous n'y avons pas touché, nous nous en croyons bien près. Dans tous les cas, nous aurons atteint notre but, si nos efforts peuvent aider à faire mieux et plus complètement connaître les lieux que nous habitons, et si nos travaux peuvent être utiles aux sciences historiques et géographiques.

Les sources où nous avons puisé les éléments de notre travail sont principalement celles qui suivent :

Nous avons eu recours, pour la géologie, à la Statistique de **M.** Leymerie, ouvrage utile à la science et au pays, et nous avons mis en usage le peu de connaissances personnelles que nous possédons. En l'absence de tous documents spéciaux sur les autres sciences naturelles, et livré à nos seules forces, nous avons dû nous borner à nos propres observations.

Les documents historiques sur l'histoire générale nous ont été fournis par les savants travaux de **MM.** Augustin et Amédée Thierry.

Les Mémoires de la Société Académique de l'Aube et les savantes notices de l'honorable **M.** Corrard de Breban, président du tribunal civil de Troyes, nous ont surtout servi de guides pour l'archéologie monumentale et les voies romaines. Nous avons en outre utilisé les récentes études faites par les soins de la Commission choisie au sein de la Société ; et, comme membre de cette Commission, nous sommes heureux de rendre hommage à l'intelligente coopération des différents agents de l'administration des ponts-et-chaussées et de celle des chemins vicinaux, habilement dirigés par leurs chefs, **MM.** Uhrich et Le Grand.

La liste des rivières et des ruisseaux a été formée à l'aide de celle de notre collègue et ami, **M.** Jules

Ray, publiée en 1851, à la suite de son Rapport sur la pêche fluviale dans le département. Si nous avons ajouté à cette liste un certain nombre de noms, cela tient au caractère tout différent des deux études.

Quant aux *pagi* mérovingiens et carlovingiens, nous les avons étudiés avec les documents contenus dans nos grands recueils de monuments historiques, sans négliger les travaux publiés par M. d'Arbois de Jubainville. Si nous différons sur plusieurs points avec notre collègue, nous n'en reconnaissons pas moins la valeur de ses recherches. Ces différences s'expliquent par les sources auxquelles nous avons puisé. M. d'Arbois a compulsé les documents paléographiques et historiques. Nous avons été au-delà. Nous avons consulté le grand livre de la nature, dont les règles immuables ne sont pas livrées au caprice des hommes, et dont l'étude était, suivant nous, indispensable pour rechercher les traces de la vérité.

La géographie ancienne de nos contrées est peu connue, les observations dont elle a été l'objet sont encore trop rares pour qu'une fois au moins on ne leur donne pas le développement qu'elles comportent et qu'elles méritent. Aussi, remercions-nous nos honorables et affectionnés collègues de la Société Académique de la bienveillance qu'ils nous ont accordée, et dont ils nous ont donné une nouvelle preuve en nous faisant une large place dans leurs Mémoires.

CHAPITRE I.

—

SCIENCES NATURELLES.

§ 1. — *De la Géologie.*

Le sol du département de l'Aube, malgré une apparente uniformité, est bien loin d'être homogène dans sa formation.

Placé au Sud-Sud-Est de Paris, notre département est compris dans la large ceinture qui entoure le bassin parisien, composé de terrains tertiaires. Il renferme trois des grandes formations géologiques. La plus ancienne, à l'Est et au Sud-Est, est formée de terrains jurassiques, représentés par trois assises distinctes. A la limite occidentale de ce terrain, on trouve la formation crétacée qui se subdivise en quatre assises différenciées par les éléments qui entrent dans leur composition, puis un lambeau du terrain tertiaire, pris à l'Est du bassin de Paris, et dont les assises ne sont point homogènes, même dans la partie comprise dans le département de l'Aube, quelque faible que soit son étendue. On trouve encore, au Sud-Ouest de Troyes, une contrée qui se rattache aux terrains tertiaires, dits de l'Orléanais, et dont elle forme la partie la plus orientale.

En outre de ces formations anciennes, il existe aussi des plaines formées par des alluvions entraînées, puis déposées par des cours d'eau arrosant les vallées de l'Aube et de la Seine, et d'une importance bien supérieure à celle des rivières qui aujourd'hui fécondent ces vallées. Ces contrées sont de formation relativement récentes, si on les compare aux terrains sur lesquels elles reposent. Elles sont anciennes, si on les oppose aux alluvions déposées chaque année par le débordement de nos rivières. Les dépôts de ce terrain, nommé *diluvium*, forment : 1° la plaine de Brienne, 2° celle qui existe au Sud-Est de Troyes, 3° la vallée de la Seine dans les environs de Nogent-sur-Seine, et les plateaux qui au midi dominent cette ville.

Si l'on observe les éléments de ces diverses régions, on les trouve très-différents entre eux.

Dans les régions jurassiques, les assises coralliennes (coralrag) se composent de calcaires compactes, blanchâtres et léviques, dont la tranche paraît sur les flancs des collines de la vallée de la Laignes, vers les Riceys, et de celle de la Seine, de Mussy à Gyé. La formation kimmeridgienne, beaucoup plus étendue, est sillonnée par la Sarce, la Seine, depuis Gyé jusqu'à Courtenot ; par l'Ource et l'Arce, affluents de la Seine ; par l'Aube, depuis Clairvaux jusqu'à Trannes, et par le Landion, affluent de l'Aube. Les côtes ou collines sont formées par un calcaire compacte, fissile et très-perméable. Les eaux absorbées s'arrêtent sur la couche marneuse qui sépare la formation kimmeridgienne de celle du calcaire de Portland. Cette dernière assise des terrains jurassiques se termine au Nord-Ouest par une ligne très-accidentée dans ses détails, mais qui est exactement droite si l'on prend pour limite les sources si remarquables de Bernon, de Chaource, de la Chapelle-d'Oze, de Poligny, de Vendeuvre, de Trannes et de Soulaines, dont les ouvertures sont exactement placées à 150 mètres au-dessus du niveau de la mer.

La formation jurassique embrasse la plus grande partie des deux arrondissements de Bar-sur-Aube et de Bar-sur-Seine.

La formation crétacée est limitée à l'Est par les terrains jurassiques. Ici, après le calcaire à spatangues, si prodigieusement perméable, en raison de la nature de ses éléments constitutifs et de la présence des nombreux gouffres qui le perforent, commencent à paraître les argiles ostréennes, de nature si compacte et si reconnaissables par les plaques de lumachelles qu'elles renferment. Puis vient le terrain dit du grès vert (*grennsand*), dont les stratifications peu ordonnées alternent capricieusement avec les argiles, que **M.** Leymerie a nommées *tégulines*, et qui ont reçu des Anglais le nom de *gault*.

A ce premier étage de la formation crétacée succède le second, composé de la craie chloritée. Ce deuxième étage forme une zône qui sert de transition entre le premier et le troisième dont il renferme, à l'état de mélange, les éléments si opposés.

Le troisième étage est formé de cette mer de craie qui constitue une partie importante de l'arrondissement de Troyes, tout l'arrondissement d'Arcis et la majeure partie de celui de Nogent ; celui-ci renfermant en outre un lambeau tertiaire dépendant du bassin de Paris.

La contrée d'Othe, située au Sud-Ouest, et comprise dans l'arrondissement de Troyes, renferme un grand nombre de coteaux, dont les flancs sont formés par la craie et dont les sommets sont recouverts d'une argile brune ferrugineuse. Cette contrée, sauf quelques sommets aux environs de Marcilly-le-Hayer, est limitée par la route de Troyes à Sens, et par celle de Troyes à Saint-Florentin. Elle s'appuie, au couchant, sur l'Yonne et sur l'Armançon, en se prolongeant dans le département de l'Yonne. — Ces terrains diffèrent autant d'aspect que d'éléments.

La formation jurassique est celle dont les reliefs sont le plus prononcés : les vallées y sont étroites et profondes, les pentes rapides. La perméabilité du sol le rend naturellement sec et aride. L'eau ne se rencontre généralement qu'au fond des vallons, où la présence des marnes ou des argiles donnent naissance à des sources nombreuses, mais variables dans leurs produits. Nées de la solution de continuité dans la stratification entre les étages corallien et kimmeridgien, de même qu'entre celui-ci et la formation portlandienne, elles forment des jets puissants à la base de ce dernier étage, sur les limites du terrain crétacé qui, formant obstacle, détermine ces jets.

Les argiles néocomiennes, les grès verts et le gault sont de même apparence. Ils forment un bas plateau fort vaste, et dont l'imperméabilité générale fait une contrée humide et marécageuse. Autrefois, bien plus qu'aujourd'hui, cette partie du département renfermait un grand nombre d'étangs. Point de sources importantes, mais des filets d'eau partout et presque dans toutes les directions. Cette humidité aide à la production d'une magnifique végétation forestière.

La craie inférieure ou chloritée ne forme qu'une

bande de terrain d'une largeur de quelques kilomètres. Elle comprend des terrains naturellement fertiles et d'une facile culture. Placée à l'aspect méridional de la grande falaise crayeuse, elle est coupée en trois parties par la plaine alluviale de Troyes et par celle de Brienne.

Que dire de la grande plaine de craie, si nue, si froide, si peu fertile, aux éléments si friables, si peu résistants, et qui comprend presque la moitié du département, sinon que ce terrain est, de tous ceux de nos régions, le plus déshérité de la nature, celui où la végétation sauvage est nulle ou presque nulle? Cette plaine est traversée par la Seine et l'Aube, qui en font trois contrées distinctes.

La contrée d'Othe forme un contraste bien marqué avec les plaines de la Champagne qu'elle domine. La belle végétation de ses vallons, les pentes rapides de ses coteaux que couronnent d'antiques forêts, donnent à cette partie du département un aspect agréable, pittoresque et même sauvage dans quelques vallons.

Les terrains du bassin de Paris et ceux des environs de Marcilly-le-Hayer tranchent sur la physionomie générale du pays. Les éléments divers qui en forment la base, argile, sable et blocs de grès erratiques, donnent à la contrée l'aspect le plus tourmenté. Aux environs de Villenauxe et de Marcilly-le-Hayer, on reconnaît sans peine, par les ruines qu'y a laissé l'immense courant qui dépouilla la Champagne de terre végétale dans le sens rigoureux de l'expression, les terribles effets de ce grand cataclysme. Là, dans ces étroits vallons peuplés de ces blocs énormes et nombreux qui semblent détachés du sol par l'action des géants, on se croirait au milieu des cantons les plus accidentés de la forêt de Fontaine-bleau. Placé sur les hauteurs qui dominent Ville-nauxe, l'observateur retrouve sans efforts, par la vue de ces débris, les lignes qui, en passant par les bois de Pont, rattachent les terrains de Villenauxe à ceux de Marcilly. A l'Ouest de cette ligne, on rencontre à chaque pas ces blocs erratiques d'une résistance éternelle, dont quelques-uns sont devenus, en conservant leur forme sauvage et primitive, les monuments qui rappellent dans nos contrées l'existence des Gaulois indépendants (1).

Le département compte trois contrées principales dues à des dépôts d'alluvion. Chacune est d'une nature particulière.

La plaine alluviale de Troyes renferme des grèves qui sont formées de débris des terrains jurassiques entraînés par le puissant cours d'eau dont la Seine ne serait qu'un faible diminutif, et en outre d'une terre mélangée d'argiles, de sables et d'éléments calcaires qui proviennent des terrains traversés par la Barse. Ce mélange heureux de matières diverses forme un terrain d'une grande fertilité et d'une culture généralement peu pénible. Au midi de Troyes,

---

(1) La ligne des grès erratiques, tracée par M. Leymerie, est exacte pour l'époque où nous vivons. Au xve siècle, il est certain qu'elle eût été plus rapprochée de Troyes. Des documents renfermés dans les archives municipales de Troyes établissent que des grès de cette nature existaient dans des communes plus voisines de cette ville. Si la consommation de ces grès continue sur le pied où elle est établie en ce moment, cette ligne sera repoussée vers l'Ouest d'ici àpeu d'années.

existent encore quelques marais. Bien plus considérables autrefois, ils s'étendaient jusque vers Laines-aux-Bois. Par suite d'opérations de dessèchement anciennes et récentes, la charrue a conquis sur les eaux une surface importante de terrains autrefois presque constamment inondés.

La plaine alluviale de Brienne est surtout composée d'éléments grèveux et calcaires que l'Aube a jeté en abondance sur un terrain argileux et par conséquent imperméable. Cette partie de la plaine a peu de fertilité. Il n'y a d'exception que sur les bords de la Voire, affluent de l'Aube, où les éléments variés du sol alluvial donnent une fécondité fort remarquable à cette contrée.

La troisième partie du département, composée d'alluvions, est la contrée qui environne le confluent de la Seine et de l'Aube, et se poursuit sur la Seine de Méry à Nogent. Les éléments de ce terrain sont composés de matière alluviale où la craie tient une place importante, mais où les débris végétaux occupent certainement la première. Cette contrée marécageuse, et dont le terrain est essentiellement tourbeux, reçut, comme on le verra plus tard, le nom de *Pagus mauripensis* ou *morivensis* que lui ont valu ses nombreux marais.

Sous le rapport géologique, il y a encore dans le département deux divisions capitales que nous ne saurions passer sous silence. Ces divisions sont déterminées par l'inclinaison ou l'horizontalité de la stratification.

Les terrains jurassiques du département, alors qu'ils étaient déjà passés à l'état de roche solide, furent déplacés par la force incommensurable qui détermina le soulèvement de la chaîne du Jura, dit de la Côte-d'Or, et le septième dans l'ordre établi par M. Elie de Beaumont : la portion de cette formation, renfermée dans le département de l'Aube, ne comprend que les derniers contreforts occidentaux de cette chaîne de montagne. Ce grand événement brisa la roche, la rendit fissile, et donna à la région calcaire un état permanent d'aridité et de sécheresse. Cette violente commotion décida non-seulement des pentes de la superficie du sol, mais encore de toute la stratification. Aussi ces pentes sont-elles fort rapides si on les compare aux terrains limitrophes de la création subséquente.

Au pied des roches jurassiques se forma la mer crétacée; les produits de cette nouvelle création ont conservé la stratification et la position que lui donna l'élément neptunien. Aucune commotion souterraine n'a troublé, depuis son dépôt, l'ordre de la création, et sa surface aurait conservé son uniformité primitive, sans l'action érosive des eaux pluviales et torrentielles qui déterminèrent les monticules dont la formation rompt la monotonie de cette région.

Telles sont les observations géologiques qu'il nous importe d'établir. On reconnaît sans peine que ces dissemblances constituent des contrées fort distinctes et que l'œil aperçoit sans peine. On verra plus loin que ces régions naturelles se délimitèrent les unes et les autres, et formèrent des *pagi* dont les divisions remontent à l'époque celtique, ce qui pour nous signifie qu'elles sont primitives.

§ II. — *De l'Hydrographie.*

Toutes les eaux du département de l'Aube se jettent directement ou indirectement dans la Seine. Ce département appartient donc au bassin qui a reçu le nom de ce fleuve.

Le département de l'Aube est arrosé par deux principaux cours d'eau, la Seine et l'Aube, qui confondent leurs eaux sur le territoire de la Marne, au milieu des marais de Conflans ; à peu de distance de ce lieu, la Seine rentre dans le département de l'Aube.

La Seine pénètre dans le département de l'Aube à Mussy, se dirigeant du Sud-Est au Nord-Ouest jusqu'à Méry. De cette ville, elle incline vers l'Ouest, reçoit l'Aube et contourne les hauts plateaux de la Brie, dans lesquels elle ne peut entrer qu'au-dessous de Montereau. Ces terrains paraissent être l'obstacle qui la fait changer de direction et infléchir vers l'Ouest.

Cette rivière coule d'abord dans un vallon étroit, creusé dans le calcaire jurassique, qu'elle quitte pour entrer dans la plaine du diluvium qui s'étend au midi et au levant de la ville de Troyes, traverse la région crayeuse entre cette ville et Méry, et ensuite arrose les prairies tourbeuses et marécageuses qui la bordent jusqu'au-delà des limites du département.

A sa partie supérieure et sur le terrain jurassique, la Seine reçoit, par sa rive droite, l'Ource et l'Arce, et par sa rive gauche, la Laigne et la Sarce, alimentées par des sources dont les eaux limpides sortent du calcaire jurassique.

A sa partie moyenne, elle reçoit à droite la Barse, à gauche l'Hozain, tous deux originaires des terrains calcaires, mais qui, en traversant les terrains argilo-sableux, reçoivent les eaux de nombreux petits ruisseaux qui, en grossissant accidentellement le cours et occasionnant de fréquentes inondations, entretiennent la fertilité de belles et riches prairies.

Puis, à partir de Troyes, la Seine reçoit notamment la Hurande, la Vienne, l'Ardusson, l'Aulne et l'Orvin sur sa gauche, et sur sa droite la Blaise, le Melda, le Ruez, ruisseaux d'une faible importance, alimentés par les eaux de la craie, et arrosant des terrains plus ou moins tourbeux; et l'Aube à Marcilly-sur-Seine. Près de Nogent, elle s'augmente des eaux de la Vaunoise et du Resson, qui, par une pente rapide, descendent des terrains tertiaires.

L'Aube coule dans la partie orientale du département entre des bords formés par les calcaires jurassiques. Elle voit son cours s'augmenter par sa rive gauche des eaux limpides du ruisseau du Cresson et de celui du Landion, et par la rive droite de celles du Maze, de l'Aujon, de la Bresse et de l'Arlette. En quittant ce terrain, elle arrose la vaste plaine de Brienne, reçoit en y entrant le produit des *fonts* de Trannes, et en sortant et sur la même rive, les eaux si souvent bourbeuses de la Voire, et sur la gauche, celles du petit ruisseau de l'Amance.

Sur la craie, l'Aube reçoit l'Auzon et la Barbuise qui l'abordent par la rive gauche, et le Ravet, le Meldançon, le Puits, l'Huitrelle, l'Herbisse, l'Auge et le Beau, ses affluents de la rive droite, puis se jette dans la Seine à Marcilly (1).

En dehors de ces deux rivières on compte encore deux autres cours d'eau importants :

1° L'Armance, qui prend sa source à Chaource. Elle arrose les belles prairies qu'elle féconde presque chaque année par un abondant et fertile limon et se jette, à Saint-Florentin, dans l'Armançon.

2° La Vanne, qui commence à Fontvannes, coule parmi les roseaux et les terrains tourbeux dont son paisible cours détermine la formation. Elle se jette dans l'Yonne, après avoir arrosé les rues de la ville de Sens.

Nous n'avons cité ici que les cours d'eau principaux du département. Le nombre en est plus considérable, surtout dans la région des grès verts. Au point de vue topographique, les autres ruisseaux sont sans intérêt. Dans un appendice nous en donnerons les noms qui feront l'objet d'une étude spéciale, et nous indiquerons le lieu où ils prennent leurs sources.

§ III. — *De l'Orographie.*

Dans son ensemble, le département est mis au rang des pays de plaines. Néanmoins, il y a quant aux reliefs du sol et à ses formations géologiques des différences nettement caractérisées.

---

(1) La Seine et l'Aube se réunissaient autrefois à peu de distance du Port-Saint-Nicolas, près de Nogent. Sur le territoire de ce hameau, il y avait encore à la fin du xviiie siècle un pont nommé le *pont d'Aube*, et une noue est encore aujourd'hui nommée la Vieille-Seine.

Ainsi la région jurassique est la contrée montagneuse du département, et les pentes s'augmentent graduellement en se dirigeant de l'Ouest à l'Est. Les reliefs du sol sont brusques dans les vallées. La partie supérieure des coteaux forme toujours plateau.

Les collines du grès vert sont arrondies et déterminent des monticules d'une très-faible hauteur.

Les bords de la région crayeuse, à l'aspect du Sud-Est, constituent un relief fort apparent d'une part, de Saint-Florentin à Montgueux, puis de Saint-Parres-les-Tertres à Lesmont, et ensuite de Magnicourt au territoire de Joncreuil.

En dehors de cette falaise, la région crayeuse reçoit, à bon droit, le nom de Champagne.

La contrée d'Othe se fait remarquer par des collines d'une élévation relative considérable, et les vallées y sont profondément encaissées.

Les pentes des terrains tertiaires sont rapides et tourmentées, et s'inclinent vers le Sud-Est. Elles comprennent le versant oriental des hauts plateaux de la Brie. Déterminées par une immense force naturelle, elles paraissent rongées chaque jour par les eaux pluviales.

Le cours de la Seine est renfermé dans le département entre ces deux altitudes : 68^m au-dessus du niveau de la mer aux limites du département de Seine-et-Marne, et 188^m à Mussy, lieu voisin des limites de la Côte-d'Or. Sur le calcaire jurassique et sur un parcours d'environ 33 kil. la pente est de 50^m, soit environ 1^m 51^c par kilomètre. Dans la plaine, de Courtenot à Troyes, elle n'est plus que de

1^m 11^c; de Troyes aux limites du département, elle est réduite à 0^m 66 par kimomètre (1).

Cette inclinaison du sol doit être considérée comme la pente moyenne des terrains dans le département de l'Aube, sauf celle du terrain jurassique qui, du point culminant, moulin de Champignolle (366^m), aux sources de la Barse (150^m), donne une pente d'environ 11^m par kilomètre.

Nous donnons le relief du département de l'Aube dans deux directions. (*Voir Pl. 2*^{e}.)

Si nous examinons chacune des formations isolément, nous constatons que chacune d'elles a une moyenne d'altitude et un relief différent variant d'un terrain à un autre.

Nous avons dressé le tableau suivant qui permet de se rendre facilement compte de ces différences.

NATURE DES TERRAINS.	HAUTEURS au-dessus du niveau de la mer.		HAUTEURS moyennes.
	MAXIMA.	MINIMA.	
Marais de Nogent à Méry. .	82^m (Méry).	68^m (La Motte-Tilly). .	75^m 00
Terrain tertiaire, bassin de Paris.	182^m (La Grange-Guillaume, Villenauxe). . .	107^m (Plessis-Barbuise).	144 50
Craie	206^m (Terr. de Charmont)	85^m (Courceroy)	145 50
Terrain tertiaire de la forêt d'Othe.	268^m (Montgueux). . . .	107^m (Vulaines).	187 50
Plaine de Troyes	110^m (Troyes)	158^m (Fresnoy)	154 00
Plaine de Brienne.	111^m (Magnicourt). . . .	145^m (Jessaint)	128 00
Grès verts et argil. néocom.	154^m (Montiéramey). . .	255^m (Magnant).	184 50
Terrains jurassiques	150^m (Vendeuvre). . . .	366^m (moulin de Champignolle).	258 00

(1) Altitudes données par les officiers d'état-major, d'après la carte du ministère de la guerre.

§ IV. — *De la Climatologie.*

Sous ce titre, nous ne ferons pas de longues citations dans le but d'établir que le département de
l'Aube fait partie de deux régions climatériques
bien distinctes l'une de l'autre. La partie orientale
(les terrains de formation jurassique) est rangée
dans le climat vosgien, et la partie occidentale (les
terrains crétacés et tertiaires) dans le climat séqua-
nien.

Sur un pareil sujet, à défaut d'observations locales
et directes, on ne peut rapporter que des généralités
qui ne précisent rien, surtout quand les deux régions sont limitrophes. C'est le cas où nous sommes
placé ; les deux extrémités opposées sont très-
différentes l'une de l'autre, tandis que les parties
contiguës peuvent n'avoir entre elles que des différences peu sensibles.

Néanmoins, nous dirons que nos observations
personnelles nous ont fait souvent constater que les
terrains jurassiques (est-ce par leur nature ou par
leur élévation?) conservaient la neige plus longtemps que les terrains limitrophes du grès vert. Ce
fait, que nous avons souvent remarqué, se fait voir
alors que la neige tombe avec abondance, comme
lorsqu'elle ne couvre la terre que par une couche
d'une faible épaisseur. Un autre fait nous paraît acquis
à l'observation, c'est que la végétation printannière à
Troyes est toujours en avance de plusieurs jours sur
celle de Bar-sur-Aube et celle des environs, quoique

ces deux villes soient placées à un même degré de latitude.

Les quantités moyennes de pluies tombées dans les deux régions varient de près d'un cinquième sur un nombre fort considérable d'années d'observation, et la moyenne de la température se modifie d'une manière très-appréciable dans l'une et l'autre région.

Il est évident aujourd'hui, pour tous les naturalistes, que la nature du sol, comme son élévation au-dessus du niveau de la mer, influe directement sur les végétaux et sur les animaux qui croissent en liberté, à quelque degré de la création qu'ils appartiennent. C'est ce qui constitue la géographie botanique ou zoologique dont plusieurs parties, dans notre département, ont été spécialement étudiées par quelques-uns de nos collègues dont les travaux sont insérés dans les **Mémoires de la Société**, et ces études ont confirmé les principes posés par la science.

§ V. — *Des Forêts.*

Le département de l'Aube possède encore de belles et grandes forêts. Elles étaient autrefois beaucoup plus étendues.

Toutes les régions géologiques du département étaient, à l'origine, couvertes de forêts. J'en excepte pourtant la craie. On en trouve sur les terrains jurassiques, sur les argiles néocomiennes et les grès verts et sur les terrains tertiaires. Mais les essences et la force végétative varient selon les formations.

Ainsi, sur le calcaire jurassique, rocheux et sans

profondeur, on rencontre comme espèces forestières principales le charme, le hêtre et le chêne, ce dernier cédant la première et la deuxième places aux deux autres, aussi bien en nombre qu'en développement, sauf dans les bas-fonds où il trouve une terre profonde.

Dans les terrains argileux et sableux de la formation du grès vert, on trouve partout le chêne occupant la première place, en quantité et en beauté. Le charme et le hêtre ne s'y rencontrent que par une rare exception (1).

Dans les terrains tertiaires de la contrée d'Othe, les forêts sont limitées par la nature du sol, et si, aujourd'hui, on trouve certaines parties de territoire se composant d'argile brune, couverte d'habitations et livrées à la culture, on peut être convaincu qu'il y a eu défrichement. Dans cette contrée, comme dans les plaines de Champagne, la craie ne possède pas une force végétative suffisante à de grands végétaux. Aussitôt qu'elle apparaît à la surface du sol, la forêt cesse. En raison du peu de profondeur de l'argile qui donne la vie au chêne, celui-ci ne prend généralement qu'un faible développement. Il demeure peu élevé.

Au canton de Villenauxe, où les terrains sont plus profonds, le chêne, dont l'essence domine sur toute autre, arrive à de magnifiques proportions.

Si les forêts des terrains jurassiques ont, à une

---

(1) Ce terrain est tellement préféré par le chêne que, par reproduction spontanée ou accidentelle, de nombreuses plantations, faites depuis soixante ans avec des bois blancs, ont vu remplacer par le chêne les essences primitives.

époque quelconque, formé une forêt continue, aujourd'hui il n'en est plus ainsi. A l'exception de quelques cantons défrichés, à une époque plus ou moins récente, ces forêts forment depuis longtemps des cantons isolés les uns des autres, et ne portent pas ou ne portent plus un nom unique qui les rattacherait les unes aux autres.

Les principaux cantons forestiers de cette région sont ceux de Clairvaux, celui-ci divisé en plusieurs contrées, de Bossicant, de Cunfin, de Verpillières, de Gyé, de Fiel, etc.

La fondation de saint Bernard, en créant des fermes dans les environs de Clairvaux, amena le défrichement de parties de bois importantes. Les plateaux qui dominent les vallées de l'Ource, de la Seine, de la Sarce, furent aussi dépouillés de leurs forêts. On peut citer notamment la forêt de Lagesse défrichée depuis le xiiie siècle, celles de Fralignes en 1527, du Fays, près de Balnot-la-Grange, de Turgy, de Vanlay et d'Avreuil, dont l'existence est encore constatée à la fin du xiie siècle. Celle de Rosnay, dont il ne reste plus un buisson, était en plein rapport en 1340. Celle de Beaufort, à cette même époque, dépendant du domaine de Champagne et d'une contenance de 2,800 arpents, a considérablement diminué d'étendue.

Sur les terrains néocomiens, du grès vert et des argiles tégulines, on compte : le groupe des forêts d'Ile ou d'Aumont, de Chaource et de Rumilly; celui d'Orient, placé entre Lusigny, Piney, Brienne et Vendeuvre; celui de Soulaines et de Montmorency ou de Beaufort.

Sur les terrains tertiaires, le groupe de la forêt d'Othe et celui de la Traconne.

Une tradition, conservée dans la contrée, tend à faire croire que la forêt d'Othe se réunissait à celle de la Traconne. Ce fait n'est point impossible, et on peut d'autant mieux l'admettre que la nature du sol rattache ces deux contrées l'une à l'autre. Dans tous les cas, ces forêts sont antiques, car on ne trouve, à de très-rares exceptions près, aucune trace de culture sous la haute futaie de ces forêts.

Dans la forêt d'Othe il y eut des défrichements importants au moyen-âge ; on peut les reconnaître facilement. Les hameaux qui ont pris la place des forêts portent des noms nouveaux et sont situés sur les hauts plateaux de la contrée, tandis que les villages anciens occupent les vallons.

Le groupe des forêts d'Ile, de Rumilly et de Chaource, a été réduit considérablement par l'influence seigneuriale, soit par suite de l'abus des droits d'usage accordés aux habitants, soit seulement par la concession de certains avantages en faveur de ceux qui venaient s'y établir. Il n'est pas douteux que la contrée située au nord de Chaource et aujourd'hui occupée par un grand nombre de fermes et de hameaux (Chaource et les Loges-Margueron, communes dont les territoires sont contigus, en comptent plus de 50), dont les noms indiquent une origine relativement moderne, faisait partie de la forêt dite de Chaource. Il en est de même à l'Ouest, au Nord et à l'Est de ce groupe. Autour de cette forêt sont venus se placer des fermes et des hameaux dont l'origine ne dépasse pas les temps féodaux.

La plaine de Foolz, encore couverte de *hayers* et

de broussailles, n'est certainement qu'une forêt détachée de celle de Rumilly, et mise en cet état par l'abus du droit d'usage. Par les mêmes causes disparurent les forêts de Turgy, de Vanlay et d'Avreuil (1).

La nature humide et marécageuse du terrain des grès verts et des argiles néocomiennes donne à la végétation ligneuse et herbacée de cette contrée une ardeur qui ne peut être comparée à celle d'aucune autre de notre département. Ces terrains, lorsqu'ils sont abandonnés à eux-mêmes, se couvrent promptement d'une riche végétation sauvage. Il n'est pas douteux que cette zône, de quinze à vingt kilomètres de largeur, formait autrefois une ceinture de forêts qui limitait vers l'Est les plaines arides de Champagne. Mais cette ceinture pouvait alors, comme aujourd'hui, être marquée de nuances diverses qui déterminaient les trois groupes reconnus sur cette formation géologique : le premier, séparé du second par la Seine et la plaine diluvienne de Troyes, et le second par l'Aube et la plaine grèveuse de Brienne ; le dernier groupe, celui de Soulaine et de Montmorency, se rattachant originairement à la forêt du Der, vers Montier-en-Der, celle-ci touchant par le côté opposé à la forêt des Ardennes.

Dans les contrées voisines du groupe d'Orient, beaucoup de communes ont conservé le nom de

---

(1) Dans ces contrées, depuis un certain nombre d'années, des plantations nouvelles reprennent un espace que des défrichements avaient livré à la culture, ou que les « mésus » des usagers avaient réduit à l'état de place vague.

Der à des contrées de forêts encore existantes ou défrichées à des époques peu éloignées : il en est ainsi à Vendeuvre, à Amance, à la Ville-au-Bois, à la Villeneuve, à Briel, etc. Ce qu'il y a de plus remarquable dans ce fait, c'est que ces contrées sont situées sur le terrain des grès verts ou des argiles néocomiennes, et non sur le terrain jurassique qui forme une partie du territoire de quelques-unes de ces communes. Aucune contrée ne porte ce nom sur le terrain jurassique.

La forêt du Der s'étendait au midi jusqu'à la rive droite de la Seine, et comprenait la forêt de Clérey dont l'existence est constatée en 864 jusque sur les bords de la Barse. La fondation de l'abbaye de Montiéramey fut la cause de nombreux défrichements, et sur l'emplacement des anciennes forêts elle établit des granges, des métairies, des hameaux qui devinrent des paroisses, puis des communes. En 1121, Roulin et Hilduin, seigneurs de Vendeuvre, donnent à l'abbaye de Montiéramey le pâturage dans toutes les forêts, depuis le ruisseau de Thiélou jusqu'au château de Vendeuvre. Le village de Villeneuve-au-Chêne, dont l'origine date de la fin du XIIe siècle ou des premières années du XIIIe, s'est établi sur ces forêts, et les habitants les défrichèrent pour la plus grande partie. L'abbaye de la Rivour (1135) mit en culture une grande partie de bois qui sont encore de nos jours en état de labour. Il en fut de même par suite de l'établissement des abbayes de Beaulieu (1107) et de Bassefontaine (1143) fondées sur la rive opposée de la forêt. Puis vinrent les Templiers, qui réunissaient les deux forces vives de la société du XIIe siècle : la croix et l'épée, la religion et la chevalerie, et dont les domaines furent si considérables. Ceux-ci, au milieu et sur les bords de la forêt d'Orient, créèrent de nombreux établissements agricoles et métallurgiques. Quelques-uns disparurent, d'autres ont survécu. Au xvi⁰ siècle, les forêts de l'ancienne seigneurie de Vendeuvre comprenaient environ 14,000 arpents, tant à gauche qu'à droite de la Barse. Par suite de « mésus, » qui mirent les forêts dans un état improductif, des fermes nombreuses s'y établirent. La plupart vécurent jusqu'au commencement de notre siècle, époque à laquelle, par suite de l'appauvrissement du terrain, de la ruine des fermiers et de la gêne des propriétaires, on commença à rendre au sol forestier une partie importante des contrées défrichées au xvi⁰.

La largeur de l'autre groupe de la forêt du Der, dans le département de l'Aube, est déterminée au couchant par le village de Crespy (*Crispiacus villa sitain confinio castri breonensis et silvæ Dervensis,* — Miracles de saint Berchaire), et la ferme du Bois-de-Der, située aux confins des finages de Soulaines et de Thil, sur les argiles néocomiennes. Les moines de Montier-en-Der resserrèrent ses limites par la création de domaines considérables, dont plusieurs seraient compris aujourd'hui dans notre département.

Un fait me paraît démontré ; au moins jusqu'à ce jour, rien n'est venu prouver le contraire : c'est qu'à une époque éloignée, mais pourtant historique (au ix⁰ siècle), les communications entre les deux contrées séparées par cette forêt du Der se faisaient par les deux brèches ouvertes sur la Seine et sur l'Aube. Le groupe compris entre la Seine et l'Aube ne fut ouvert à la circulation que dans le cours du ix⁰ siè-

cle, entre Vendeuvre et Montiéramey, et sans aucun
doute sous l'influence de l'abbaye fondée par Adhé-
mar. Le Concile de Troyes, tenu en 878, mit fin à un
débat soulevé par Ottulphe, évêque de Troyes, contre Isaac, évêque de Langres. Le premier demandait
que Vendeuvre fût compris dans son diocèse. Mais
l'assemblée maintint cette ville dans celui de Langres. On doit croire que si les forêts qui s'élevaient
entre Troyes et Vendeuvre n'eussent pas été en partie défrichées, Ottulphe eût laissé Isaac jouir en paix
des droits qu'il possédait sur ce pays. Les communications entre Chaource et Troyes ne se firent à
travers les bois qu'au-delà du XVIᵉ siècle. Avant
cette époque, on tournait la forêt, soit par la vallée
de la Seine, soit par le passage de la *ville* de Pont-
Belin, qui aujourd'hui est encore nommé Che-
min-des-Romains. Ce passage était très-fréquenté
au moyen-âge, et là plusieurs voies importantes venaient se réunir en faisceau du côté du nord comme
du côté du midi. — Quant au groupe de Soulaines et
de Montmorency, c'est sans doute l'impénétrabilité
de la forêt, ou tout au moins le mauvais état des voies
de communication, dû à la nature du sol, qui pré-
serva la ville de Troyes de la visite de l'armée de
Charles-Quint en 1544, visite si redoutée de la ville et
du roi que la crainte fit exécuter des travaux considérables pour mettre Troyes en état de défense.

Aux confins du département de l'Aube, et sur une
faible partie du canton de Villenauxe, on trouve la
forêt de la Traconne qui se poursuit dans le département de la Marne. Cette forêt couvre les pentes
rapides des bords déchirés des terrains tertiaires.
Elle est aussi peuplée de vieux chênes qui y trouvent

un sol profond. Le nom de cette forêt est un nom géographique très-caractéristique ; *Tracones*, caverne, antre, formé des mots celtiques : *terr*, fente, ouverture, et *acon*, rocher.

§ VI. — *Des Régions naturelles.*

Après l'exposition contenue aux chapitres précédents, il faut déduire les conséquences qui en découlent au point de vue de cette étude.

Les éléments et les reliefs du sol, ainsi que ses produits minéraux et végétaux, ont délimité des contrées ou régions qu'il est facile de distinguer sur la carte géologique, et à l'aide des coupes que nous avons données comme appendices de cette étude. Voyons maintenant quelles sont ces principales divisions, les noms qui leur ont été donnés et leurs rapports avec les formations géologiques.

Sur le terrain jurassique, nous trouvons deux régions : le *Barrois* et le *Vallage*, qui se poursuivent dans les départements voisins. Le premier comprend les formations corralienne et kimmeridgienne, celles où les montagnes sont hautes et rapides, mais partout accessibles. Le second s'applique à la formation portlandienne, dont les plateaux inclinés de l'Est à l'Ouest sont isolés par des vallées profondes, venant se perdre en s'évasant sur le terrain des grès verts. Ces deux noms prennent leur origine dans la langue celtique : *Barrois*, pays de montagnes, venant de *bar* qui signifie sommet, montagne, hauteur, et *Vallage*, terre de vallées, de *val* que nous avons conservé dans la langue moderne, et dont nous avons fait vallée, vallon. Le Vallage ne paraît être qu'une subdivision de la grande région du Barrois, placée sur son bord occidental, car le Barrois comprend différentes subdivisions, comme le Blaisois, où coule la Blaise; l'Ornois, où coule l'Ornain; la contrée de Vouèvre, dont le sol est essentiellement argileux, etc.

Il est vrai que cette formation a aussi porté, pour des parties comprises dans les départements voisins de la Côte-d'Or et de l'Yonne, les noms de *Lassois* et de *Tonnerrois*, mais nous croyons l'application de ces noms postérieure à ceux de Barrois et de Vallage : ceux-ci étant choisis en raison de la topographie du sol, et les autres ayant été donnés à un territoire par extension du nom d'un lieu habité, d'un centre d'habitants.

Le nom de *Der* s'applique à la contrée des argiles néocomiennes et des grès verts. Ce nom, appliqué à une surface considérable, a été choisi en raison de la présence du chêne, essence dominante dans les vastes et profondes forêts qui couvraient cette région (1), ainsi que dans celles qui ont résisté au défrichement, comme dans celles qui ne datent que du courant de ce siècle.

---

(1) *Der, Derw, Dero, Derff*, chêne au singulier, *Derwen, Dervenned*, au pluriel. Les Bretons font régulièrement de Derw *Derwis*, qui signifie habitants des chenaies ou des forêts. De *Der* on a formé *Druides*, prêtres gaulois, et *Dervonnes*, Dryades ou nymphes des chênes, des forêts de chênes. (Dictionn. celtique de Bullet.)

Ce radical *Der* est encore en usage dans un grand nombre de langues européennes avec son ancienne signification.

Dans une charte de **864**, donnée par Charles le Chauve en faveur de l'abbaye de Montiéramey, on lit : ..... *in pago et in silva quæ dicitur Dervus, super fluvium Barsan.*

La région crayeuse reçut le nom de *Champagne* en raison de ces immenses plaines, et bien que ce nom fût plus tard appliqué à une province composée de différentes formations géologiques, il est certain que la région qui, à l'origine, fut ainsi nommée, est celle que la Providence a déshéritée en la frappant d'une grande infertilité naturelle. Ce n'est que fort tard, aux temps féodaux, que Sens, Langres, Tonnerre même, furent compris dans le comté de Champagne. Si ces contrées furent désignées comme faisant partie de cette province, ce n'était que par suite des luttes et des traités entre les gouvernants. Mais leurs habitants ne se considérèrent point comme Champenois. Encore de nos jours, les habitants des contrées crayeuses situées aux environs de Troyes reçoivent le nom de Champenois, et ceux des pays limitrophes sont appelés Gens du bas pays.

La contrée d'*Othe*, qui forme une région non moins bien déterminée que les précédentes, reçut son nom de la composition ferrugineuse de son sol. C'est, en effet, dans cette contrée que se trouve le minerai de fer le plus facilement exploitable, puisqu'il se trouve à la surface même du sol. C'est là que se rencontrent les plus anciennes traces d'exploitation de ce minerai, et ces traces, ces scories, sont répandues sur toute la contrée. Le nom d'*Othe*, *Otte*, viendrait du mot celtique *odyn*, fourneau, fournaise, forge, peut-être par extension et avec plus de vérité, minerai de fer. Quelle que soit la valeur de cette dernière étymologie, ce pays serait le *pays des forges*.

Le département de l'Aube comprend encore deux parties de contrées qui s'étendent dans les départements limitrophes : l'une au Nord-Ouest et l'autre au

Nord-Est. La première reçoit son nom de sa topographie, et l'autre de la nature de sa végétation. Nous voulons parler du *Montois*, dont un lambeau forme une portion du canton de Villenauxe, et du *Perthois*, dont une partie est comprise dans celui de Chavanges.

Le nom de *Montois* s'explique par les *monts* qui se rencontrent dans ce canton de la Brie.

Celui de *Perthois* trouve son origine dans le substantif *Perth, Perthi*, buissons, petits bois, par antithèse avec la contrée voisine, celle du Der, peuplée de hauts et vigoureux chênes, végétant sur un sol généreux. Le Perthois, encore aujourd'hui, est couvert de petits bois, de *buissons* : locution usitée de nos jours dans le pays, pour désigner un bois, une forêt de peu d'étendue.

Enfin, il est encore une autre contrée limitée au couchant par le département de Seine-et-Marne, et qui s'étend sur les deux rives de la Seine jusqu'à Méry. Son nom gaulois ne serait pas arrivé jusqu'à nous. C'est le pays des marais, que, sous les périodes mérovingienne et carlovingienne, on nomma *pagus Mauripensis*. Nous trouvons dans le radical de ce nom l'indication de la nature marécageuse du sol. *Mar, Mor, Maur, Mer,* signifient en langue celtique, marais, marécages ; ces derniers mots conservant eux-mêmes le radical de cette langue primitive. Ainsi, *Marnay, Méry, Marcilly, Marigny,* sont situés dans des lieux marécageux. Méry, *Mauriacum, Mariacum, Meriacum,* paraît être le chef-lieu de cette région. La partie la plus ancienne de Méry est bâtie dans le marais, et la plus nouvelle, sur le sol voisin, d'une nature plus sèche, plus solide et plus saine (1). Naguère encore, dans la plus grande partie de cette contrée et pendant plusieurs mois de l'année, les communications d'une rive à l'autre ne s'opéraient qu'en bateau.

Telles sont les régions naturelles du département de l'Aube. Elles tirent leurs noms de la topographie du sol et de leurs produits minéraux ou végétaux. Le moment n'est pas encore venu de nous entretenir des noms de confédération, des noms de peuples qui, à une époque plus rapprochée, couvrirent ces noms primitifs, mais ne les firent jamais oublier.

Les régions naturelles renfermées dans le département de l'Aube se composent donc :

1° *Du Barrois*. — Terrain jurassique, formations corallienne et kimmeridgienne.

2° *Du Vallage*. — Terrain jurassique, formation portlandienne.

3° *De la contrée de Der*. — Aux temps celtiques et bien plus tard encore couverte de forêts. — Grès verts et argiles néocomiennes.

4° *D'une partie du Perthois*. — Terrain crayeux, accidenté par de nombreux petits vallons et couverts de petits bois ou buissons.

5° *De la Champagne*. — Partie limitée par les points de partage des rivières d'Aube et de Marne, par les terrains tertiaires et les grès verts.

6° *De la contrée d'Othe*. — Terrain tertiaire se rattachant au bassin d'Orléans.

---

(1) Méry est de deux époques. Une charte de 1128 contient cette phrase : *Capellam de Mariaco, novam ecclesiam ante Mariacum.*

7° *D'une partie du Montois.*— Lambeau de terrain tertiaire du bassin de Paris.

8° *De la plaine de Brienne.*— Alluvions anciennes de la rivière d'Aube.

9° *De la plaine de Troyes.* — Alluvions anciennes de la Seine, de la Barse et de l'Hozain.

10° *Du pays des Marais ou de Méry,* pagus Mauripensis. — Marais tourbeux, depuis Méry jusque vers Nogent.

Ainsi que nous l'avons dit, en parlant de l'orographie, chacune de ces régions ou de ces formations répond à des altitudes différentes. On peut s'en rendre compte par les deux figures de la planche 2ᵉ et par le tableau compris au paragraphe ci-dessus : de l'Orographie.

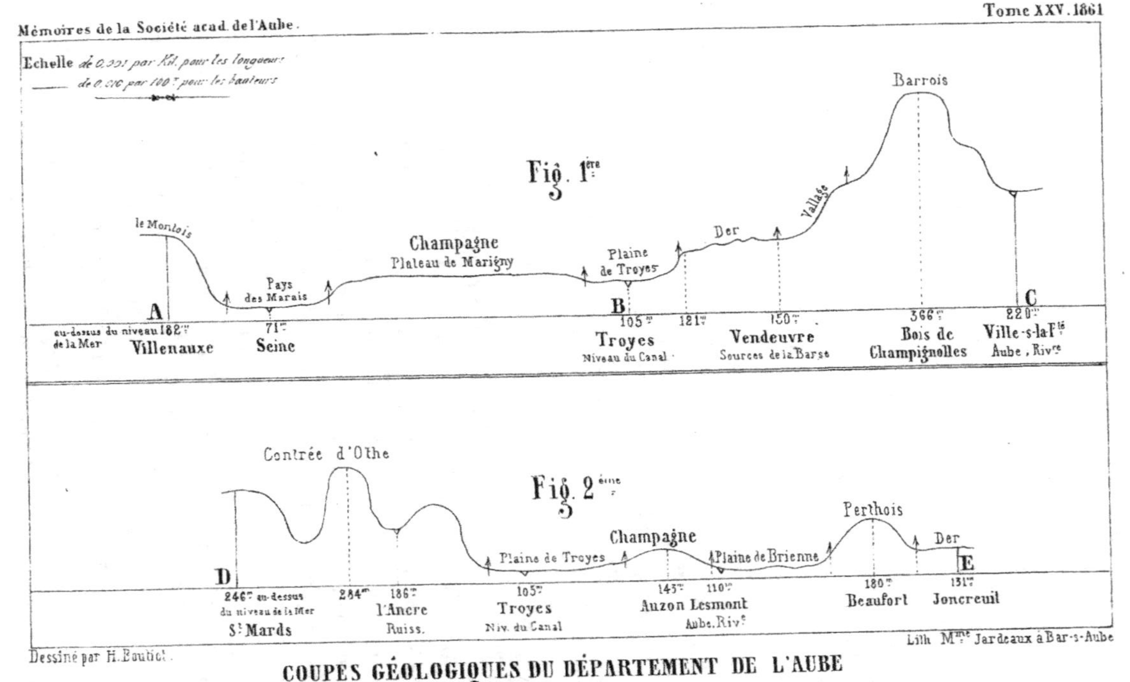

COUPES GÉOLOGIQUES DU DÉPARTEMENT DE L'AUBE
avec indication des Régions naturelles.

terrain
ciennes
ciennes
Mauri-
que vers
e l'oro-
forma-
n peut
a plan-
phe ci-

Il
les pl
cette
toute
terrai
existe
Cette
indivi
leur f
les pl
dével
de le
de ce
en so
vage.
limité
partie
vées,
nier
mom
était
la pr
forme

CHAPITRE II.

—

HISTOIRE.

§ 1er. — *Gaule indépendante.*

Il est une loi commune à tous les êtres, depuis les plus humbles végétaux jusqu'à l'homme : c'est cette volonté de la Providence qui fait croître, en toute liberté, les animaux et les végétaux sur les terrains et dans les contrées les plus propres à leur existence, les plus favorables à leur développement. Cette faculté est instinctive, elle est innée chez tout individu, c'est un don du Créateur. Cette faculté leur fait choisir, de préférence à tout autre, les lieux les plus propres à la satisfaction de leurs besoins, au développement de leur individu et à la conservation de leur espèce. L'homme jouit au plus haut degré de cette faculté commune à tous les êtres, qu'il soit en société ou qu'il vive dans la liberté la plus sauvage. Et si, sur un sujet dont le cadre est aussi limité, il m'était permis de suivre une idée qui appartient aux connaissances humaines les plus élevées, ne pourrais-je pas dire que l'homme, le dernier des êtres créés sur la terre, n'est arrivé qu'au moment où tout était prêt pour le recevoir, où tout était disposé pour la conservation des individus et la propagation de l'espèce ? Les continents étaient formés, les rivières coulaient, les grandes forêts

étaient en pleine végétation, et les terrains diluviens
étaient déposés pour lui fournir les choses indispensables à sa vie et à sa subsistance. C'est donc dans
les contrées où se rencontraient tous ces éléments
que l'homme se fixa aux premiers jours de son apparition sur la terre.

Les premiers hommes qui se répandirent dans
nos contrées furent, à cette époque reculée comme
aujourd'hui lorsqu'ils prennent possession de terrains vierges, entraînés naturellement vers les sources, aux bords des rivières, près des forêts. Dans
ces lieux, ils trouvaient l'eau, élément indispensable
à la vie, le poisson et le gibier nécessaires à leur
subsistance, et un abri contre l'intempérie des sai-
sons. Tel est le tableau de la première période de la
vie de l'homme sur la terre. La seconde commence
au moment où, abandonnant les courses vagabondes,
les hommes se fixèrent dans quelques contrées, réunissant les conditions qui satisfaisaient facilement
aux besoins de leur existence, alors qu'ils s'entou-
rèrent de bestiaux et cultivèrent la terre pour ne plus
être à la merci d'événements ou d'accidents impré-
vus. Ils choisirent alors un terrain où leurs troupeaux se procuraient une nourriture abondante, où
la végétation leur promettait, s'ils confiaient des
semences à la terre, une large récompense à leurs
travaux. Ils ne se fixèrent point sur un sol aride
ou sur un terrain dont la culture difficile exigeait
de pénibles efforts. Ce n'est qu'après cette seconde
époque de la société primitive que les hommes,
augmentant en nombre, ou déjà dominés et com-
mandés par quelques-uns d'entre eux ou tombés
sous le joug d'un peuple étranger et vainqueur,

s'avancèrent dans des contrées moins favorisées de la nature où, pour récolter, les fatigues corporelles ne furent plus considérées comme un obstacle. C'est à cette nouvelle période que se place le commencement des défrichements des grands végétaux qui formaient des forêts vierges, et alors, la cognée ne suffisant pas à la destruction d'une forêt dont les produits étaient plus embarrassants que profitables, le feu rendait la place nette. Ce moyen expéditif, encore employé de nos jours dans l'Amérique, fut, on peut le croire, mis en usage dans nos contrées dans le but de s'emparer du sol que les hommes se promettaient de remuer, pour en obtenir des produits indispensables à la satisfaction de leurs besoins.

Cette dernière période est moins éloignée de notre époque qu'on pourrait le croire. Il fallait que la population fût surabondante et qu'elle ne trouvât plus, dans les conditions où elle était placée, les choses indispensables à sa conservation. C'est aussi vers cette même époque qu'il faut rapporter le commencement de la mise en culture des terrains arides et peu fertiles, d'un travail facile, il est vrai, mais dont les minces produits couvraient avec peine les efforts faits pour les cultiver.

Ces quelques mots suffisent, nous l'espérons, pour établir la loi naturelle qui préside à la prise de possession du sol par les hommes, alors qu'ils sont dans la plus complète indépendance, et celle qui les gouverne dans les premiers temps de la formation d'une société devenue sédentaire et se livrant aux travaux de l'agriculture.

Avant d'aborder les faits relatifs à la nation gau-

loise, rappelons avec les historiens les mieux accrédités ses habitudes et ses mœurs.

Les Gaulois, au temps où la nation était indépendante et longtemps avant la conquête, menaient la
vie des peuples chasseurs et pasteurs. Leurs armes
offensives étaient des haches et des couteaux de
pierre, des flèches garnies d'une pointe en silex ou
en coquillage, des massues, des pieux durcis au feu.

Leur armure défensive se bornait à un bouclier
de planches grossièrement jointes, de forme étroite
et allongée. Les relations avec les peuples étrangers
les amenèrent à user d'armes en métal, et l'art de les
fabriquer eux-mêmes, avec le cuivre et le fer de
leurs mines, était déjà fort développé au moins 150
ans avant la conquête de Jules César (1).

Leurs maisons spacieuses et rondes étaient cons-
truites de poteaux et de claies, en dehors et en dedans desquelles on appliquait des cloisons en terre;
une large toiture composée de bardeaux de chêne et
de chaume, ou de paille hachée et pétrie dans l'argile, recouvrait le tout. La Gaule renfermait des villages ouverts et des villes.

Celles-ci, entourées de murs, étaient défendues par
un système de fortification composée de pierres et
de madriers, dont d'autres contrées n'offraient pas
d'exemple. Au nord et à l'ouest, parmi les tribus les
plus sauvages, il n'existait pas de villes proprement
dites; les lieux d'habitation ordinaire n'étaient pro-
tégés par aucuns travaux; mais de vastes enclos,
construits au moyen d'abatis d'arbres croisés en

tout sen
dans qu
de refu
cri de
cabanes
ses me

Outr
posséda
dans la
rivière.

Les f
de six
pas de
vaient

Des
fort éle
le sol
deur.
cette é
ques tr
coustr
sans dc
tions c
tions, s
Allema
des for
nom d

---

(1) *Histoire des Gaulois*, par M. Am. Thierry, livre IV, chap. Ier.

(1) B
excavati
aujourd'l
en 1272

tout sens, dans quelque îlot, au milieu des marais, ou dans quelque recoin embarrassé de bois, servaient de refuges et de citadelles. C'était là qu'au premier cri de guerre, la population, désertant ses chétives cabanes, courait se renfermer avec ses troupeaux et ses meubles.

Outre son habitation de ville, le riche gaulois en possédait ordinairement une seconde à la campagne, dans la profondenr des forêts, au bord de quelque rivière.

Les familles du peuple avaient des maisons rondes de six à douze mètres de tour; souvent il n'y avait pas de fenêtres. Celles qu'habitaient les riches pouvaient avoir une quarantaine de mètres en largeur.

Des constructions aussi légères ne pouvaient être fort élevées. On gagnait de la hauteur en creusant le sol de l'habitation jusqu'à une certaine profondeur. Bien que dix-huit siècles nous séparent de cette époque, on rencontre encore aujourd'hui quelques traces de ces cabanes rondes que les Gaulois coustruisaient. Le bois, le chaume et l'argile ont sans doute disparu en peu d'années, mais les excavations circulaires, restes de ces rustiques constructions, subsistent en plusieurs endroits en France, en Allemagne et en Angleterre, surtout dans l'intérieur des forêts. Au centre de la France, elles portent le nom de *mardelles* ou *margelles* (1).

____

(1) Bordier. *Hist. de France.* — Peut-être la présence de pareilles excavations, dans le voisinage, a-t-elle servi à nommer la ferme, aujourd'hui le moulin des Mardelles, dont l'existence est constatée en 1272, et situé dans les lieux mêmes où se rencontrent dans

« Toute la Gaule, » dit César dans ses commentaires, « est divisée en trois parties, dont l'une est
» habitée par les Belges, l'autre par les Aquitains,
» la troisième par ceux qui, dans leur langue, se
» nomment Celtes (Celtæ), et que dans la nôtre nous
» appelons Galls (Galli). Ces peuples diffèrent entre
» eux par le langage, les mœurs et les lois. Les
» Galls sont séparés des Aquitains par la Garonne,
» et des Belges par la Marne et la Seine (1). »

Strabon, confirmant les détails donnés par Jules César et comparant les caractères physiologiques des races, fait des Celtes et des Belges un type naturel commun, qualifié par lui *d'extérieur gaulois*. Bien qu'ils diffèrent entre eux par les habitudes et le langage, ces dissemblances sont bien moindres que celles qui séparent les uns et les autres du peuple aquitain (2).

Comme César ne parle point ici des peuples qui ont reconnu le pouvoir de Rome depuis longtemps, on doit ajouter un quatrième peuple sur le territoire gaulois : celui des Ligures, cantonnés sur les bords de la Méditerranée.

Ces quatre groupes avaient deux origines principales : le premier, comprenant les Aquitains et les

---

notre département des monuments celtiques parfaitement caractérisés. Ce nom de *mardelles* ou *margelles* sert encore à désigner, de nos jours, la construction circulaire, souvent d'une seule pierre, qui entoure nos puits et qui affecte la forme de ces trous devenus des monuments historiques.

(1) Cœs. *Bell. Gall.*, liv. Ier, ch. Ier.

(2) Strabon. (Lib. IV.)

Ligures, venait de l'Ibérie (Espagne); le second, formé des Galls et des Belges, était sorti des régions septentrionales de l'Asie.

Ammien Marcellin, soldat curieux et écrivain honnête et consciencieux, nous apprend que de son temps les druides rapportaient qu'une partie de la population des Gaules était indigène, et que l'autre était venue des îles lointaines et des contrées trans-rhénanes, poussée hors de ses demeures par la fréquence des guerres et par les inondations de l'Océan (1).

En donnant, comme il faut le faire chez les anciens, aux mots *indigène, aborigène, autocthone,* l'acception d'antérieur et de premier occupant, on est conduit à cette conséquence que les Celtes ou Galls et les Belges s'établirent en Gaule à des époques différentes et assez éloignées pour que la tradition eût perdu la trace de la première migration, tandis que la seconde restait encore empreinte dans les souvenirs. Une des deux races habitait donc la Gaule dès l'aurore des temps historiques, l'autre s'y était introduite depuis. Si Ammien Marcellin se tait sur le nom de la race qui, en sa qualité de plus ancienne, pouvait réclamer le titre d'indigène, Timagène (2) nous le dit en qualifiant les Celtes ou Galls d'aborigènes. Des Celtes subjuguent l'Espagne, vers le XVIe siècle, avant notre ère; des Galls descendent

----

(1) Ammien Marcellin. XV, 9. Il écrivait au ve siècle.

(2) Auteur d'une histoire des Gaules. Il vivait dans le siècle qui précéda la naissance de Jésus-Christ, c'est-à-dire, aux temps où l'enseignement des druides florissait.

en Italie environ deux siècles après, et les auteurs romains désignent ces ancêtres du peuple ombrien par le nom de vieux Galls, *Veteres Galli*, pour les distinguer des bandes émigrées plus récemment au midi des Alpes. Le nom de *Belges* est relativement récent. On le lit, pour la première fois, dans César, et les événements auxquels les Belges ont pris part, sous ce nom, ne remontent pas au-delà de l'invasion des Cimbres, en l'année 113 avant Jésus-Christ. Ceux dans lesquels ils sont mentionnés sous le nom de Volskes, qui paraît bien n'être qu'une altération du premier, ne remontent pas plus haut que l'an 280. Il n'y a pas là évidemment le signe de cette primitive et longue occupation que les anciens expliquaient par l'indigénat. Si la tradition des druides est vraie (et sur quoi se fonder pour la rejeter, dit M. Am. Thierry), l'antériorité appartiendrait aux Celtes ou Galls, détachés les premiers du tronc gaulois, et les Belges seraient les derniers venus.

L'invasion marcha du Nord-Ouest au Sud; la race conquérante (les Belges) s'est développée dans ces vastes plaines, qui s'étendent entre l'Océan et les hauts plateaux de l'Est, et forment dans la topographie de la Gaule une région si bien caractérisée. La race envahie, refoulée à l'Est et au Midi, aura pu se maintenir derrière les chaînes de montagnes qui se suivent et s'engrènent, pour ainsi dire, depuis le Rhin jusqu'à l'Auvergne, et à l'abri des grands fleuves, là où les montagnes lui auront manqué.

Ces limites sont précisément celles que César et Strabon attribuent aux deux branches de la famille gauloise. Les Celtes ou Galls occupent le Midi et l'Est jusqu'au cours de la Marne et aux Vosges. Les

Belges, le Nord et l'Ouest jusqu'à la Seine, suivant César; jusqu'à la Loire, suivant Strabon. Ce dissentiment ne serait qu'apparent, mais nous n'avons pas à nous en expliquer ici.

Nous puisons cette exposition de la division des races dans l'Introduction de l'*Histoire des Gaulois*, de M. Amédée Thierry. Elle était indispensable à notre sujet. Les faits qu'elle contient et les conclusions qui en découlent sont aujourd'hui acceptés par tous les écrivains de notre époque, et nous ne saurions mieux faire, puisqu'elle a pour base et pour appui les auteurs anciens les mieux accrédités.

Les écrivains que nous venons de citer ne pouvaient, en retraçant l'histoire d'un grand peuple, préciser avec détails les limites qui séparaient les deux rameaux de la même race habitant le Nord et l'Est de la Gaule, à une époque où la dernière occupation du sol remontait déjà à un temps éloigné. Nous dirons encore, avec M. Amédée Thierry, que les limites indiquées par César ne terminent pas si exactement les territoires occupés par chaque race, qu'on ne rencontre, au-delà, la trace d'anciens mélanges ou de conquêtes opérées les unes sur les autres.

Il est donc admis que les Galls ou Gaulois occupaient comme indigènes les régions arrosées par l'Aube et par la Seine. Mais la population ne devait pas couvrir tous les lieux où nous la voyons établie aujourd'hui. Elle n'habitait que les contrées qui satisfaisaient à ses besoins avec le plus de facilité. C'était donc près des cours d'eau, sur les terrains les plus fertiles, aux limites des forêts, que la population gauloise éleva ses premières cabanes. Nous n'hési-

tons pas à désigner comme tels tous les terrains tertiaires, la contrée d'Othe, les bords de la Seine et
de l'Aube, et les plaines du diluvium. Ce ne fut que
plus tard que les forêts vierges de la région des grès
verts ont été ouvertes et que les plaines de Champagne, éloignées des cours d'eau, ont été mises en culture.

Nous n'avons pas besoin de rappeler ici les deux
grandes divisions du département : celle de l'Est qui,
sans interruption, se rattache aux hauts plateaux de
l'Est, de M. Amédée Thierry, et celle de l'Ouest qui
commence les vastes plaines auxquelles, du côté opposé, l'Océan sert de limites. Cette division s'opère
au moyen du vaste désert des plaines de Champagne
et des terrains du grès vert, humides, marécageux
et propres à la production des grands végétaux et au
développement de vastes et profondes forêts. Cette
double barrière était alors plus infranchissable que
ne l'étaient de grands fleuves.

Cette division naturelle, aujourd'hui si peu sentie,
si peu remarquée, encore sensible au moyen-âge,
eût des conséquences d'une haute importance sur
les relations des habitants de ces deux régions, réunies maintenant par de faciles moyens de communication.

Nous n'hésitons pas à croire, et les preuves dé-
couleront naturellement des faits qui vont suivre,
que, dans ces temps reculés, la population des deux
régions qui nous occupent appartenait aux deux
grands rameaux celtiques : la région de l'Est occupée par les Gaulois et celle de l'Ouest par les Belges.
Les premiers, repoussés par les seconds, se réfugièrent à l'Est des forêts vierges du Der, et ceux-ci se

confinèrent sur les bords de la Seine et de la Marne, au couchant de ces barrières naturelles qui leur servirent de limites pendant de longs siècles.

Ces deux régions, avant l'invasion romaine, formèrent deux nations dans la Gaule, dont le sort, la politique et les relations furent loin de se ressembler. Ces faits, qu'il importe de connaître, sont trop peu nombreux pour ne pas les rappeler.

On a déjà compris que ces deux parties principales du département vont bientôt porter les noms de pays des Lingons et de pays des Senons. Ces noms de confédération, dont nous ne recherchons pas ici la signification, furent choisis par les peuples qui les portaient. Ils n'eurent point pour origine l'état physique du sol, mais sans doute un côté saillant du caractère de ces nations. Cette circonstance seule fait naître l'idée d'une invasion.

La grande invasion des Kimris, conduite par Hu Gardann ou Hésus le Puissant, qui franchit le Rhin à son cours inférieur, longea l'Océan brumeux et pénétra dans la Gaule, date du vi^e siècle avant notre ère. Cette invasion fit refluer les populations indigènes vers l'Est. Bientôt les tribus, accumulées au Nord-Est, dans la Séquanie et dans l'Helvétie, envoyèrent au dehors une troupe de guerriers, de femmes et d'enfants, sous la conduite d'un chef nommé Sigovèse. Cette troupe se divisa en deux parties : l'une se dirigea vers la forêt Hercynie (la forêt Noire) et les autres vers les Alpes Illyriennes. Ce fut la souche des tribus qui peuplèrent dans la suite la rive droite du Danube et la chaîne orientale des Alpes. Une seconde bande, formée des peuplades du

centre de la Gaule (Bituriges, Eduens, Arvernes, Am-
barres), se dirigea vers l'Italie sous le commandement de Bellovèse.

Ce mouvement vers l'Orient était dû à la pression
des nations de l'Occident, qui avaient envahi les
Gaules.

Dans le même siècle, une troisième invasion se
dirigea vers l'Italie. Elle était composée de *Boïes,*
d'*Anamans* et de *Lingons,* ces derniers occupant le
territoire situé au-dessus des sources de la Seine,
traversa l'Helvétie, franchit les Alpes pennines et oc-
cupa les contrées arrosées par le Pô. Les Lingons
s'établirent dans le triangle compris entre le lit du
Pô, sa branche la plus méridionale nommée Padusa,
et la mer.

Bientôt après, une quatrième et dernière troupe
kimrique se forma et prit la même direction. Celle-
ci était composée de *Senons,* partis des frontières
Bituriges et Eduennes, où leur nation s'était fixée.
N'ayant pas de place sur les bords de la rivière du
Pô, elle chassa les Ombres du littoral de la mer supérieure (mer Adriatique), depuis Utens jusqu'au
fleuve OEsis, et non loin de ce dernier fleuve, elle
fonda son chef-lieu d'habitation, qui prit, de leur nom
national, celui de *Sena.* La date de cet évènement,
qui termina la série des migrations gallo-kimriques en
Italie, peut être fixée à l'année 524 avant notre ère,
la soixante-sixième après l'expédition de Bellovèse,
la cent dixième après le départ des grandes hordes
kimriques pour l'occident de l'Europe. Le repos des
populations transalpines, à partir de cette époque,
semble annoncer que la Gaule se reconstitue et que

les désordres de la conquête sont à peu près calmés, que la Gaule vit en paix.

Nous ne suivrons pas plus longtemps les Lingons et les Senons sur le sol de l'Italie, et nous ne rappellerons pas le siège ni la prise de Rome, ni les hauts faits dus à leur valeur. Nous ferons observer seulement que si les Lingons peuvent être considérés comme l'avant-garde des envahisseurs de la Gaule au viᵉ siècle avant notre ère, il est néanmoins permis d'en douter. Car, selon M. Amédée Thierry lui-même, cette peuplade occupait le territoire situé au-dessus des sources de la Seine (1), c'est-à-dire une partie des Vosges et leurs appendices qui s'arrêtent aux confins occidentaux des terrains jurassiques, à la grande forêt du Der, derrière laquelle se réfugièrent les Galls ou Gaulois repoussés par les Kimris. Puis ces deux peuples, les Lingons et les Sénons, prirent part à deux invasions séparées entre elles par un certain nombre d'années, et associés l'un et l'autre à des peuplades diverses. Dès ce moment, il est certain qu'il n'existe pas entre eux de ces relations presque fraternelles, que l'on trouve établies entre les Lingons, les Helvètes, les Boïens et les Anamans, d'une part, et entre les Sénons, les Bituriges et les Eduens, d'autre part.

L'histoire est muette sur les deux peuples qui nous occupent, pendant plusieurs siècles. Au moment où nous les retrouvons, la Gaûle est mieux connue. Les Latins ont eu avec elle des rapports qui les ont initiés aux faits accomplis parmi les nations

____

(1) Voir *Hist. des Gaulois*, édit. in-12°, t. Iᵉʳ, p. 150.

gauloises. La position topographique occupée par chacune d'elles laisse moins de vague dans l'esprit. Ainsi, les Sénons, dont le nom fut si longtemps la terreur de l'Italie, occupent un territoire situé à l'Orient de celui des Carnutes, entre la Loire et la Seine, puis les Lingons, qui portaient au combat des armes bariolées, forment une nation maintenant isolée de celle des Séquanes, qui demeurent leurs voisins au Midi.

Le récit, même sommaire des faits qui eurent notre contrée pour théâtre pendant la lutte contre le pouvoir romain, serait trop étendu pour le cadre que nous nous sommes imposé. Nous nous bornerons à rappeler que le territoire des Séquanes fut celui où les Romains s'organisèrent, pour la première fois, afin de faire la guerre aux Gaulois, après que César eut vaincu Arioviste et expulsé les Germains (57 ans avant Jésus-Christ). Dès ce moment, on voit une partie des clients des Séquanes, et les Lingons étaient de ces derniers, se réunir aux Rèmes, peuple belge déjà florissant et dont le territoire aboutissait à la Marne et touchait à celui des Lingons, dans le but de fortifier le parti favorable à Jules César. Au même moment, les Éduens, avec lesquels on range les Sénons, leurs alliés et leurs voisins, prétextèrent au contraire de leur respect pour la liberté des nations gauloises. Blessés de l'alliance des Rèmes et des Lingons, ils résistèrent à l'influence de Rome, même après qu'ils furent tombés sous son pouvoir.

Le ressentiment de l'indépendance perdue et l'ennui de la domination romaine faisaient dans la Gaule de rapides progrès (54 ans avant Jésus-Christ). Les Sénons sont mis au nombre des mécontents. Mais

trop faib
province
homme a
avaient a
blique.
    L'anné
temps, le
de coutu
les natioi
les Trévi
somma d
et leur r
pression.
ce refus
le peuple
arma les
sénonais
    Cette
chef acti
comme a
ennemis
nation se
Cavarin
gnes n'e
ces fortii
Acco, et
traints d
trait infl
sur leur

----

(1) Am
p. 220.

trop faible pour résister, la haute assemblée de la province fut forcée de reconnaître pour roi Cavarin, homme abhorré de tous, dont le frère et le père avaient attenté successivement à l'indépendance publique.

L'année suivante, aux premiers jours du printemps, le proconsul provoqua près de lui, comme de coutume, l'assemblée générale des cités. Parmi les nations importantes, les Sénons, les Carnutes et les Trévires n'envoyèrent pas de députés. César les somma de le faire au plus tôt. Ils ne répondirent point, et leur refus produisit sur l'assemblée une vive impression. Mécontent, César déclara qu'il regardait ce refus comme un acte de révolte ouverte contre le peuple romain, et, ajournant toute autre affaire, il arma les légions et marcha d'abord sur le territoire sénonais (1).

Cette révolte contre César était dirigée par Acco, chef actif, entreprenant, en grand crédit au dehors comme au dedans de sa cité, et l'un des plus mortels ennemis que les Romains eussent dans la Gaule. La nation sénonaise l'avait choisi pour remplacer le roi Cavarin expulsé par elle. La population des campagnes n'eut pas le temps de se réfugier dans les places fortifiées, sur l'ordre qui lui avait été donné par Acco, et les Sénons, pris au dépourvu, furent contraints de demander la paix. Le proconsul se montrait inflexible et voulait promener le fer et le feu sur leur territoire, lorsque le sénat éduen s'inter-

---

(1) Amédée Thierry, *Histoire des Gaulois*, in-12, t. II, p. 220.

posa, appuyant chaudement la cause d'un voisin et d'un ancien allié. César céda aux instances des
Éduens, exigea l'extradition d'Acco, cent ôtages qu'il
donna en garde aux Éduens, et tout ce que le pays
avait de cavalerie sur pied. Toutefois, il ne rétablit
pas Cavarin dans sa qualité de roi au service des
Romains. Il lui donna le commandement de la cavalerie sénonaise et l'emmena avec lui.

A la fin de la campagne, César se rendit sur le
territoire rémois, à Durocortorum (Reims), où il
convoqua l'assemblée des cités gauloises. Là il fit
juger les insurrections sénonaise et carnute. Acco fut
condamné à la peine capitale et exécuté. Les autres
accusés avaient pris la fuite. César ordonna qu'ils
fussent frappés d'*excommunication* (1), que le feu et
l'eau leur fussent interdits. Après ces arrêts, qu'il
prétendait sans doute faire regarder comme l'expression de la libre volonté nationale, il congédia l'assemblée, envoya deux légions hiverner chez les Trévires, deux chez les Lingons, et laissa les six autres
sur les terres des Sénons.

Dans la lutte suprême de la Gaule, les Sénons, les
Parises, les Cadurkes, les Turons, et généralement
toutes les cités armoricaines répondent à l'appel de
Vercingétorix, et, lorsqu'il fut question d'élire un gé-
néralissime pour diriger l'armée coalisée contre César et que l'assemblée fut convoquée à Bibracte (Autun), toutes les cités gauloises s'y rendirent. Trois
n'y furent pas représentées, c'étaient celles des Rèmes, des Lingons et des Trévires ; ceux-ci, comme

(1) Amédée Thierry, *Histoire des Gaulois*, t. II, p. 252.

trop éloignés et d'ailleurs pressés en ce moment par de nouvelles incursions germaniques, les Lingons, les Rèmes surtout, comme contraires à la coalition et amis déterminés des Romains. Dans le dénombrement des forces réunies de la Gaule, on compte 240,000 fantassins et 8,000 cavaliers. Les Sénons, les Séquanes, les Bituriges, les Santons, les Rutènes, les Carnutes fournirent, chaque nation, 12,000 hommes. Les Lingons ne sont pas nommés dans cette liste des cités liguées pour défendre le sol gaulois et repousser les conquérants. Leur contingent est demeuré inconnu. « Et pourtant, » dit M. Amédée Thierry, « un seul peuple, le peuple rémois, au mi-» lieu du mouvement général d'enthousiasme et de » dévoument, eut l'odieuse constance d'y résis-» ter. »

Mais la victoire fut favorable aux Romains, et la Gaule, à partir de ce malheur, ne fut qu'une grande province soumise à une puissance étrangère, malgré la résistance qui continua contre César et son armée. Le sénonais Drappès, qui s'était signalé lors de la défense d'Alise, s'était attiré, par des coups hardis, la haine des Romains dont il était devenu l'effroi. Il les combattit encore, mais vaincu, il se laissa mourir de faim, soit qu'il fût las et indigné de sa captivité, soit qu'il craignît un plus grand supplice.

Pendant le même temps, César, réunissant aux forces qu'il avait conservées tout ce que les Rèmes, les Lingons et les autres cités voisines possédaient de cavalerie, repartit aussitôt et entra sur les terres bellovakes, dont les habitants avaient été les premiers à recommencer la guerre contre Rome, dans les contrées du nord de la Gaule. La résistance ne dura pas longtemps. La Gaule, épuisée, les armes lui tombèrent des mains, elle demeura sans chaleur, accablée mais non tranquille, dit Paul Orose.

Résumons ces faits. Pendant que la Gaule fut indépendante, le territoire *albien* fut divisé entre deux nations : celle des Lingons et celle des Sénons. Les premiers firent partie d'une excursion qui se fixa sur les bords de la mer, aujourd'hui nommée la mer Adriatique. Les seconds, à quelques années de là, prirent la même direction et établirent une colonie près de celle des Lingons, leurs voisins de la Gaule ; mais, en Italie comme dans la Gaule, ces deux peuples vécurent isolés l'un de l'autre.

Quatre siècles se passent sans qu'aucun écrivain nous ait gardé le souvenir de quelques-uns des faits accomplis pendant cette longue période et se rapportant au sujet de notre étude. Lors du combat suprême où la Gaule fut vaincue, on trouve les Lingons suivant la foi politique des Romains, tandis que les Sénons, fidèles au pays natal, le défendent jusqu'à la dernière heure, et deux des chefs meurent martyrs de la cause qu'ils soutiennent. Les Sénons sont alliés à des peuples voisins, habitant au couchant de leur territoire. Les Lingons cherchent leurs alliances au nord et au levant des contrées qu'ils habitent. Ils sont les alliés des Rèmes, comme eux favorables aux envahisseurs, et ils aident ceux-ci à vaincre et à soumettre les autres peuples de la Gaule. Comme le dit M. Amédée Thierry, les Lingons et les Rèmes, objet principal des faveurs de l'administration impériale, s'étaient façonnés aux coutumes ainsi qu'aux idées de l'Italie. Les Lingons étaient mis au rang des peuples fédérés (*fœderati*), c'est-à-dire alliés du peuple romain (1). Ce titre, donné aux Lingons, expliquerait seul, au besoin, la différence dans la conduite tenue et la politique suivie par les deux nations voisines.

Ces fragments historiques, ces souvenirs du temps où la Gaule était indépendante, nous font voir chacun des deux peuples qui se partageaient notre contrée, suivre un parti opposé à celui que l'autre avait adopté. Cet isolement des deux peuples, fait important, constaté dès l'aurore de l'histoire de la Gaule et au moment où cette grande nation épuisée est contrainte à accepter un maître, démontre bien que ces deux peuples vécurent séparés l'un de l'autre pendant plusieurs siècles. Pour qu'il n'y eût pas fusion, pour que ces deux peuples eussent cherché leurs alliances l'un au nord, l'autre au midi, pour ne les voir jamais alliés dans une même cause, dans un même intérêt, pendant un laps de temps aussi long, il fallait entre eux une barrière large, épaisse, à peu près infranchissable. Cette barrière, nous la trouvons dans la grande forêt du Der.

A l'époque où se placent ces faits, les Tricasses, dont le territoire est situé entre celui des Lingons et celui des Sénons, en faisant partie de cette dernière confédération, n'ont pas encore été nommés. On doit croire que cette peuplade était constituée et existait dans les lieux où un jour devait s'élever la ville de Troyes. Elle occupait les bords de la Seine

---

(1) Pline, livre IV, n° 18.

et la plaine du diluvium que cette rivière divise en deux parties. Le territoire qu'elle couvrait, fort limité, se renfermerait entre les forêts de Der et d'Isle, la contrée d'Othe et les plaines arides de la craie. Postérieurement, il s'étendit au Levant et au Midi, au fur et à mesure que les défrichements se produisirent.

Dans cette contrée, formée de marais et bornée par des forêts ne renfermant aucuns matériaux durables, il ne faut pas chercher de monuments, témoins éloquents quoique muets de ces temps reculés. Aucun édifice, quelque simple, quelque primitif qu'il soit, aucune pierre levée ou couverte n'atteste dans les environs de Troyes la présence d'une population quelle qu'elle soit. Mais, dans l'Ouest du département, des témoins de ce genre, nombreux et authentiques, répandus dans une contrée fort étendue, disent hautement que dans ces lieux ont vécu, que là sont morts des Gaulois.

§ II. — *Sous la domination romaine.*

Pendant cette période de plus de 400 ans, les relations entre les Lingons et les Sénons ne paraissent pas être devenues plus fréquentes que dans la période précédente. Toute la Gaule est soumise à une même loi. Il n'y a plus qu'une seule grande nation placée sous une autorité unique. Aucun fait de l'ordre administratif ne révèle l'existence des deux anciennes nations voisines. Les historiens sont d'une sobriété de détails, désespérante pour ceux qui aiment à connaître l'histoire de leur pays. Pour cette période, il faut renoncer à chercher.

Deux faits généraux nous indiquent avec précision que, si les deux régions qui nous occupent sont soumises aux mêmes lois, la fusion entre les deux peuples ne s'était pas opérée.

Nous avons vu, chez les Lingons, régner sans partage la domination romaine, alors que les Sénons résistaient encore à l'influence étrangère. Les uns accueillent les nouveautés ; ils sont attachés aux intérêts des vainqueurs qui leur donnent le titre de Fédérés, *Fœderati*. Les autres sont fidèles aux institutions, aux idées, à la religion qu'ils ont reçues de leurs ancêtres. Il en fut ainsi lors de la prédication du christianisme. Les apôtres qui enseignèrent la nouvelle religion précédèrent, chez les Lingons, de près de trois quarts de siècle, ceux qui vinrent instruire les Sénons. Bénigne, l'apôtre du pays de Langres, sortit de Lyon vers l'an 177, et Savinien, l'apôtre de Sens, compagnon de Denis, qui reçut à Paris la couronne du martyre, ne prêcha la foi chrétienne dans nos contrées que vers l'an 251. Le premier évêque de Langres, saint Sénateur, meurt vers l'an 200, et saint Savinien fut inscrit le premier sur la liste des évêques de Sens en 251 (1). A Troyes, Patrocle, que nous nommons saint Parres, expire en 259, chargé de chaînes rougies au feu, et saint Amateur, premier évêque de Troyes, meurt vers l'an 346.

____

(1) La chronologie des évêques de Sens indique sa mort en 240, tandis que suivant M. Am. Thierry, saint Savinien ne serait arrivé à Sens qu'en 251. Il ne s'agit pas ici de saint Savinien honoré dans le diocèse de Troyes.

Peu après la prédication de saint Savinien et du martyre de saint Patrocle, en 285, se forma la grande ligue des paysans gaulois qui prit le nom de *Bagaudie* ou *Vagaudie*. « Pressurés par les proprié-
» taires, que pressuraient à leur tour les agents du
» fisc, les paysans avaient quitté par troupes leurs
» chaumières pour mendier un pain qu'on ne pou-
» vait pas leur donner. Rebutés partout, et chassés
» par les milices des villes, ils se faisaient bandits
» ou *bagaudes*, mot gaulois équivalant au premier ;
» ils allaient en *bagaudie*, suivant l'expression con-
» sacrée. On vit dans des cantons entiers des co-
» lons se réunir, tuer et manger leur bétail, et mon-
» tés sur leurs chevaux de labour, armés de leurs
» instruments de culture, fondre sur les campagnes
» comme une tempête. Cette misère était si géné-
» rale en Gaule, il y avait là tant d'habitudes de
» désordre, tant d'instincts violents qu'en peu de
» mois les bagaudes formèrent une armée qui s'or-
» ganisa tant bien que mal, et, singeant les formes
» romaines, conféra à ses deux principaux chefs
» OElianus et Amandus, les titres de César et d'Au-
» guste (1). »

Cette vaste insurrection contre le pouvoir romain prit naissance sur les bords de l'Océan, au fond de l'Armorique. Elle s'étendit de proche en proche, et atteignit bientôt la quatrième lyonnaise ou province sénonaise. Elle compta jusqu'à quarante-neuf cités révoltées, parmi lesquelles figurèrent celles de Pa-

---

(1) Am. Thierry. *Histoire de la Gaule sous l'administration romaine*, t. II, p. 474.

ris, de Sens, de Troyes, de Meaux et d'Auxerre.
Elle s'arrêta vers l'Est au pays des Tricasses, et ne
pénétra point dans le pays voisin des Lingons. Une
double barrière s'élevait contre cette ligue de
paysans. L'une, était naturelle : c'était la forêt du
Der. L'autre, prise dans l'ordre moral, c'était l'atta-
chement que les Lingons avaient toujours eu pour
le pouvoir romain.

Ces deux faits établissent donc que les relations
entre les Sénons et les Lingons n'ont pas changé de
nature sous la puissante influence de Rome, et qu'en
dehors de l'administration il n'y avait entre eux aucune fusion dans les idées ni dans les intérêts.

Si pour cette période, si riche en monuments,
l'histoire est si pauvre, c'est qu'il se passa pour les
cités gauloises ce qui se passe sous nos yeux pour
toutes les villes de France. L'uniformité dans les
lois, dans l'administration, fut la cause de cette pé-
nurie dans l'ordre des faits. Les formes administra-
tives furent les mêmes partout, au midi comme au
nord. Aussi l'histoire locale perd-elle son intérêt ;
intérêt qui fut si puissant, au contraire, alors que la
Gaule pendant son indépendance, et la France sous
la féodalité, étaient divisées en une multitude de
contrées régies par des mœurs, des habitudes et des
usages si différents.

CHAPITRE III.

—

ARCHÉOLOGIE MONUMENTALE.

Notre but n'est pas de faire de l'archéologie monumentale proprement dite, nous invoquons son témoignage, afin qu'elle vienne nous dire, avec certitude, les lieux qui furent habités :

1° A l'époque celtique ou de la Gaule indépendante;

2° A l'époque où dominait la civilisation romaine;

3° A l'époque où régnaient les rois des deux premières races de la monarchie française.

§ I. — *Des Monuments celtiques.*

On connaît géologiquement la contrée où se voit encore un grand nombre de monuments celtiques. C'est dans la région des grès erratiques que se trouvent ces souvenirs des anciens temps. C'est à bon droit que le doute s'élevait sur quelques-uns de ces monuments dont on augmentait trop facilement le nombre. Aujourd'hui la critique a rejeté ce qui était douteux, et n'a reconnu comme monuments celtiques que ceux qui en ont véritablement le caractère.

On sait que la période de l'indépendance de la Gaule se divise en trois époques monumentales. La plus ancienne est celle où les Gaulois n'employaient pour fabriquer leurs outils et leurs armes aucun métal, mais seulement la pierre, le silex. La seconde, est celle où ils firent usage du cuivre, et la plus récente est celle où ils commencèrent à employer le fer.

Nous allons donner une rapide nomenclature des lieux où ont été trouvés des objets dont l'origine se rapporte à l'époque celtique, en signalant sommairement la nature de ces objets découverts jusqu'à ce jour. Les lieux qui recèlent ces témoins d'un autre âge, et qui sans doute en recèlent encore, comme ceux qui ont conservé quelques édifices de cette époque, se divisent en deux groupes : celui des terrains tertiaires et celui des terrains jurassiques.

Nous commençons par le groupe des terrains tertiaires, et dans ce groupe par la rive droite de la Seine.

En 1844 et en 1845, on découvrit à *Barbuise,* sous un bloc de pierre (grès erratique), quatre haches en cuivre. Ces haches accompagnaient sans doute quelques débris de cadavre.

A *Courtavant,* dépendance de Barbuise, en extrayant de la grève on trouva un tombeau formé de pierres posées sur leur champ et placées *bout à bout.* Ce tombeau contenait un squelette, deux pots en terre noirâtre vernissés à l'extérieur et ornés de dessins et de moulures, une lame en cuivre à deux tranchants, longue de 0,620, large de 0,250. A côté de cette lame étaient placés en cercle huit fers de flèche de même métal.

A *Villenauxe,* au milieu de la contrée des Maix(1),

---

(1) Meaz, Maes, champ, grand champ.

on leva une pierre plate (grès erratique), et à côté d'un cadavre on trouva un petit vase en cuivre, quatre pointes de javelots de même métal, et une hache en silex noir.

Sur les territoires de *Villenauxe* et de *Dival*, il existe un grand nombre de pierres recouvrant des restes humains. Ces pierres sont connues sous le nom de *dormants*.

A *Pont* et au *Châtelot*, commune de Villeneuve, il existait, il y a peu d'années, des pierres couvertes, dites *pierres couverclées*.

Courtalon disait, il y a bientôt 75 ans, qu'il existait, dans les domaines de *Liours* (ou *Yours*), et de *Frécu* (*Fregu*, *Frécus* ou *Frécul*) un grand nombre de pierres larges et plates élevées sur d'autres, ayant une hauteur de trois à quatre pieds. Il y a vingt-cinq ans, on signalait, dans les mêmes lieux, un grand nombre de ces monuments primitifs, et il y a quelques années on y comptait encore cinq dolmens. Mais sans prendre pour des faits prouvés et hors de toute critique ceux que nous venons de signaler, nous pouvons rapporter avec certitude que, dans le cours de l'année 1858, un des dolmens de Frécus fut fouillé. On y trouva une grande quantité d'ossements humains, de vases et des haches en silex ; les vases de forme et de fabrique fort rustiques.

On signale encore quelques dolmens sur le territoire de Saint-Nicolas (2).

Sur la rive gauche de la Seine on voit un menhir

élevé
Saint
Gode
duit
un cy
pierr
il me
On
rives
Font
Marc
dans
menl
bras
vre.
menl
de-B
de c
trian
de 7
vées
To
ratta
dans
nom
ont s
Ces
Nog

la Ga
contr
de F
(1)

---

(2) Dans les environs, à Chalautre-la-Petite, sur les confins de l'Aube et de Seine-et-Marne, mais sur ce dernier département, dans le courant de 1859, on a exploré un tumulus qui appartient à

élevé sur la rive droite de l'Ardusson, au finage de Saint-Aubin, entre cette commune et la Chapelle-Godefroy. Puis un autre, près du chemin qui conduit de cette commune à Longueperte, et de plus, un cycle complet, mais irrégulier il est vrai, formé de pierres levées, un bloc de pierre occupant le centre : il mesure plus de soixante mètres de diamètre (1).

On signale plusieurs dolmens et menhirs sur les rives de l'Orvin, notamment à Bouy, à Soligny, à Fontenay-le-Pierreux, à Trancault, à Bercenay, à Marcilly ; à Avant, à la tête d'un ruisseau qui se jette dans l'Orvin. A Villadin, on découvrit, en 1854, un menhir qui renfermait un cadavre ; à la place des bras et des jambes, on trouva huit anneaux en cuivre. Sur l'Ardusson, on compte des dolmens et des menhirs à Saint-Loup-de-Buffigny, à Saint-Martin-de-Bossenay, à la Fosse-Cordouan. Sur le territoire de ce dernier village, on remarque notamment un triangle (cromleck) dont chacun des côtés mesure de 72 à 75 mètres : il est formé par trois pierres levées ; une quatrième en indique le centre.

Toutes ces communes sont placées sur la ligne qui rattache la forêt d'Othe à la forêt de la Traconne, et dans cette contrée on rencontre encore un grand nombre de grès erratiques, dont certains d'entre eux ont servi à l'édification de ces monuments primitifs. Ces communes dépendent de l'arrondissement de Nogent.

---

la Gaule indépendante, à l'époque la plus moderne. On y a rencontré des objets en fer. (*Bulletin de la Société des Antiquaires de France, 1859.*)

(1) *Revue archéologique*, 1859, 7ᵉ liv.

En dehors de cette contrée, les éléments faisaient défaut pour ériger ces rustiques édifices. Il faut se rendre sur les terrains jurassiques pour rencontrer des souvenirs de cette époque reculée, et les monuments, s'ils sont contemporains de ceux des bords de l'Orvin et de l'Ardusson, ne sont ni de même forme ni de même matière.

Les bois d'Essoyes recèleraient plusieurs tombelles; la commune de Lagesse possèderait plusieurs tumuli d'une certaine importance, et près desquels on a recueilli des haches en silex. Dans le bois de Fiel, commune de Polisot, et sur les limites du territoire d'Arrelles, il existe un vaste tumulus que M. Coutant attribue à l'époque celtique, et que M. l'abbé Cochet donne aux Germains. Dans tous les cas, ce tumulus serait antérieur à la conquête. Il recèlait un grand nombre de squelettes des deux sexes, auprès desquels se trouvaient des bracelets, des colliers et un cercle que l'élasticité du métal permettait encore d'ouvrir lorsqu'il fut découvert. Ce cercle était placé sur le crâne de l'un des squelettes. Il n'y avait pas d'armes.

Neuville-sur-Seine, station gallo-romaine bien connue, aurait eu deux *tumuli*, aujourd'hui explorés. On en a extrait des bracelets, des colliers, des fibules et quelques poteries grossières.

Il a été trouvé, à *Landreville*, des haches en silex et en bronze et des médailles celtiques. A Villemaur, à Saint-Mards, à Vendeuvre, à Chappes, à Fralignes, à Villemoyenne des haches en silex; à Chamoy, une hache en bronze.

Nous mentionnerons pour ordre seulement les *tumuli* ou tombelles d'Ervy, de Rouilly-Sacey, de

Brantigny et d'Aulnay (1). Ces monuments ne présentent pas un caractère assez net pour les mettre au rang de monuments celtiques ; néanmoins, nous ne pouvions les laisser dans un oubli complet.

Les lieux que nous avons nommés en rappelant les antiques monuments dont l'existence et l'origine ne laissent aucun doute, sont-ils les seuls qui aient été habités avant que la Gaule perdît son indépendance ? Nous ne le croyons pas. Car alors où placer cette population qui, pour toute la Gaule, sauf les Rèmes, avait fourni 240,000 hommes pour combattre Jules César et défendre la liberté ? Où se trouvait répandue cette population du pays sénonais, qui, dans cette occasion suprême, fournit 12,000 hommes, c'est-à-dire un nombre égal à six classes ordinaires du département de l'Aube, ou au contingent placé sous les drapeaux et fourni par le même département pendant dix-huit années ?

Pour rechercher quels ont été les lieux habités, alors que la Gaule était indépendante, il faut, après avoir relevé les noms de ceux qui possèdent ou ont possédé des monuments celtiques, avoir recours à une autre source, il faut avoir recours à la philologie. Nous invoquerons son témoignage dans l'un des chapitres suivants.

----

(1) Sur les tombelles d'Ervy, voir les Mémoires de la Société d'Agriculture de l'Aube, année 1832 ; sur celle de Rouilly, Mémoires de la même société, 1856. La tombelle de Brantigny a presque disparu, et celle d'Aulnay a été modifiée dans sa forme et dans sa hauteur par le propriétaire, qui en a étendu la base en la couvrant, il y a 25 ou 30 ans, de terre végétale enlevée du chemin voisin ; chemin que la tradition attribue à l'époque gallo-romaine.

§ II. — *Des Monuments gallo-romains.*

Les débris des monuments dont nous invoquons ici l'autorité sont nombreux dans quelques parties du département de l'Aube. On les rencontre plus communément dans le pays des Lingons que dans celui des Sénons. Une région naturelle en est complètement dépourvue, comme aussi de monuments celtiques : c'est celle des grès verts et des argiles néocomiennes. Là, malgré l'agglomération de la population qui la couvre aujourd'hui, et quoique le sol ne soit pas moins fouillé dans cette contrée que dans les autres, aucune découverte de monuments gallo-romains n'a été constatée jusqu'à ce jour, tandis que sur les bords de la Seine et de l'Aube, les vallées renfermées dans les arrondissements de Bar-sur-Seine et de Bar-sur-Aube, la plaine de Brienne, celle de Troyes, la vallée de la Vanne, celles de l'Orvin et de l'Ardusson sont les lieux où l'on a le plus souvent constaté leur présence.

Nous l'avons dit, nous ne faisons pas d'archéologie monumentale ; nous nous bornons à signaler les principaux lieux où ces découvertes ont eu lieu.

Bar-sur-Aube, l'ancienne *Segessera* de la table Théodosienne, possède des substructions importantes de l'époque gallo-romaine, soit dans la vallée, soit au haut de la montagne de Sainte-Germaine, sur l'emplacement non pas seulement d'un camp, mais d'une ville, si l'on en croit la présence de débris de tuiles répandus dans l'enceinte déterminée par des fossés. Neuville-sur-Seine, où un établissement important a été découvert il y a quelques années, conserve les souvenirs d'une habitation luxueuse. C'est de Neuville que provient la belle piscine en mosaïque conservée au Musée de Troyes. La vallée de l'Ource recèle un grand nombre de vestiges de cette époque reculée, et on en constate l'existence notamment à Celles, à Mores, à Landreville, à Fontette, à Essoyes, etc. Près de la voie romaine qui conduit d'Essoyes à Bar-sur-Aube, on a trouvé une piscine de même fabrication que celle de Neuville. Nous en avons vu des fragments à l'hôtel-de-ville d'Essoyes. Les vallées de l'Arce, de la Laigne et de la Sarce, et les villages placés aux sources des affluents de l'Armance, ne sont pas moins riches en souvenirs de toutes sortes de l'époque que nous étudions en ce moment. A Vendeuvre, n'a-t-on pas découvert, avec des objets appartenant aux temps mérovingiens, un cimetière, des monnaies, des vases, un atelier de potier, témoins irrécusables de la présence d'habitants aux sources de la Barse, à une époque antérieure à l'établissement de la monarchie française?

La plaine de Troyes compte un assez grand nombre de lieux où des monnaies, des vases, des cimetières ont été découverts, ou dont l'existence a été constatée. La ville de Troyes, la cité des Tricasses, a pris, par suite de découvertes récentes, un développement que l'on ne soupçonnait pas. Son *oppidum* renfermé, à son origine, dans une étendue qui de chaque côté mesurait deux ou trois cents mètres, s'est vu, sous l'influence des Romains, entouré d'habitations qui couvrirent une surface à peu près égale à celle qu'elle atteignit sous l'administration des comtes de Champagne, et qu'elle conserva depuis.

Pour les détails, et ils sont nombreux, nous renvoyons aux notices si intéressantes de M. Corrard de Breban, insérées dans les Mémoires de la Société Académique de l'Aube.

Aux deux côtés de la forêt d'Othe, on rencontre les ruines de deux villes importantes : *Blanum*, aux sources de la Blaine, sur le territoire d'Auxon, et *Clanum*, dans la vallée de la Vanne, sur celui de Paisy-Cosdon. Si dans ce dernier lieu on a trouvé des vestiges attestant l'existence d'une riche habitation de patricien, à deux ou trois mille mètres au-dessus, aux sources de la Douée, sur le territoire d'Aix-en-Othe, on rencontre des vestiges d'un ancien établissement de bains. A *Blanum*, ce n'est pas une demeure isolée, c'est un ensemble considérable de débris de toute sorte de l'industrie gallo-romaine, et là on retrouve encore ce manteau sinistre, cette couche de cendres, qui conserve ces vestiges en partie carbonisés.

Que l'on suive la Seine et l'Aube, et l'on trouvera de nombreux témoins attestant que sur les deux rives existait une population active et nombreuse. Il en est de même dans les vallées de l'Orvin et de l'Ardusson. Là se confondent des monuments, produits de deux civilisations. Au milieu d'objets dus à une société primitive, se rencontrent ceux dont l'origine appartient à l'industrie perfectionnée que Rome avait répandue dans la Gaule. Dans certains lieux, et notamment dans les terrains tertiaires des environs de Villenauxe (Resson, Montpothier), n'a-t-on pas trouvé les traces d'ateliers de poterie qui re-

monteraient aux premiers siècles de l'ère chrétienne (1) ?

Parmi les monuments gallo-romains, il en est qui
sont aujourd'hui l'objet d'une étude spéciale en
France, étude qui a reçu une nouvelle impulsion
par l'influence d'une auguste volonté. Des découvertes, résultat de recherches récentes, viennent aussi
apporter leur lumière pour nous aider à retrouver
la vérité depuis longtemps perdue. Je veux parler
des voies romaines. Ce sujet mérite une sérieuse attention, et l'on peut être étonné, après de longs siècles écoulés, de retrouver des traces aussi multipliées
de l'œuvre romaine.

Les anciens itinéraires sont incomplets, le fait
n'est pas douteux. Ils sont loin de donner l'indication de toutes les voies reconnues par ceux qui se
sont livrés à ces curieuses recherches. Les études
sur ce point peuvent laisser quelques doutes dans
certains esprits. Et pourtant, la logique nous force
à croire que, dans les lieux où se trouvaient de
nombreux habitants, il existait des voies de communication pour répondre aux besoins d'une vie
active.

Parmi les voies aujourd'hui signalées, il faut établir une distinction. On doit mettre au premier rang
celles qui ne faisaient que traverser la contrée pour
joindre deux villes importantes et éloignées. Puis, au
second rang, les voies destinées à mettre en rapport
la population d'un même pays. Mais, avant tout, il
faut, pour notre département, rejeter, au moins pour

____

(1) Voir la carte jointe à cette étude.

le Nord et l'Ouest, le travail d'empierrement indiqué depuis les travaux de Bergier, comme étant le signe nécessaire de toute voie romaine. Si, dans le Sud et dans l'Est, c'est-à-dire dans les régions du calcaire jurassique, il existe encore des tronçons assez nombreux de voies empierrées suivant le mode connu, il n'en existe aucun dans la partie opposée du département (1).

Depuis Bergier, on a érigé en principe que toute voie romaine était construite en ligne droite. Si ce principe était sans exception, il faudrait renoncer à trouver dans nos contrées aucune voie de cette origine, il faudrait même déclasser celles qu'indiquent les itinéraires. On doit donc admettre l'existence, dans notre région crayeuse, de voies romaines non empierrées, et reconnaître que ces voies n'ont pas la rectitude qu'on leur attribue.

Nous n'abordons qu'incidemment la question des voies romaines, et nous nous bornons à en signaler seulement l'existence et la direction. Il nous importe plutôt de savoir quelles étaient les voies de second ordre, mettant en rapport entre eux les différents lieux habités de nos contrées, que de connaître les grands chemins qui servaient à mettre en communication les grandes villes éloignées l'une de l'autre. Dans ces limites, nous croyons cette étude difficile et encore incomplète. L'avenir nous réserve sans doute de nouvelles découvertes.

---

(1) Cette remarque a été formulée, avec juste raison, par M. Corrard de Breban, dans ses Etudes sur les voies romaines du département de l'Aube, publiées dans le Recueil des séances du Congrès archéologique tenues à Troyes en 1853.

Prenant la ville de Troyes pour centre, on trouve les indications suivantes dans les itinéraires :

1° Une route se dirigeant sur Reims, passant par Arcis et Châlons, et conduisant jusqu'à Boulogne-sur-Mer;

2° Une route se dirigeant sur Beauvais, prenant, en quittant Troyes, la direction du Pavillon, traversant le territoire d'Echemines, de Pont-sur-Seine (Bibe), de Villeneuve-au-Châtelot;

3° Une route sur Lillebonne, en suivant les plaines de Champagne, pour prendre les bords de la Seine, au-delà de Nogent, et se diriger par Montereau sur Paris et de là à Lillebonne;

4° Une route sur Honfleur, en passant par la vallée de la Vanne et par Sens, etc.;

5° Une route sur Autun, en tournant au midi de la contrée d'Othe, par les territoires de Villery, d'Auxon, de Villeneuve-au-Chemin, puis par Avrolles, Auxerre, etc. Cette ligne, suivant Bergier, était celle qui, sortant de Rome, passait à Milan, à Lyon, à Autun, à Troyes, et de là à Châlons, pour s'arrêter, sur les rives de la Manche, à Boulogne-sur-Mer.

En outre de ces grandes lignes, Troyes était un centre où aboutissaient :

1° Une voie se dirigeant sur Soissons, en suivant le point de partage des vallées de la Seine et de la Barbuise, et traversant la rivière d'Aube au village de Rhèges;

2° Une voie conduisant vers Nancy, touchant les villages de Créney et de Lesmont, suivant en partie la rivière de Voire, et quittant le département de l'Aube au-delà de Hampigny;

3° Une voie dans la direction de Vitry-le-Français, par Luyères, le territoire de Coclois et le sommet des deux vallées du Ravet et du Meldançon;

4° Une voie traversant les territoires de Torvilliers, de Prugny, de Saint-Mards, et se dirigeant vers Joigny;

5° Une voie suivant la vallée de la Seine jusqu'à Virey-sous-Bar, se dirigeant de ce point vers Magnant, le territoire de Beurey, les hauteurs d'Aiguilly, de ce lieu à Vitry, à Saint-Usage, puis à Villars-en-Azois. Ce chemin, dont il reste encore des fragments importants, aurait été suivi par Charles le Chauve, en 842, lorsqu'il se rendit de Troyes à Toul, en passant par le *Pagus alsensis*, l'Azois.

A ces voies, il faut en ajouter d'autres encore qui doivent être mises au rang des grandes voies de communication sillonnant les contrées dont notre département a été formé.

Nous citerons :

1° La route de Langres à Reims, par Bar-sur-Aube (Segessera) et Brienne, traversant la Voire à Bétignicourt, et passant par Corbeil, le *Corobilium* des Itinéraires, pour atteindre Châlons et Reims;

2° Une autre voie se confondant avec celle dont nous venons de parler, laquelle, des bords de l'Aube près de Ramerupt, se dirige vers Paris en passant par Sézanne, et que la tradition nomme chemin romain ou route de Paris;

3° Une voie, aujourd'hui encore en partie ferrée, dans la vallée de la Sarce, partant de Virey-sous-Bar et se dirigeant sur Lans ou Lansuines;

4° Une voie d'Essoyes à Bar-sur-Aube, puis à Sommevoire et au-delà sans doute. Entre ces deux premières villes, il existe encore des débris non équivoques de voie romaine, laquelle, par les sommets des coteaux jurassiques, reliait ces deux points, tous deux riches de vestiges importants de l'époque gallo-romaine;

5° Une voie partant de **Sens**, aboutissant à **Pont**, et qui dans la contrée porte le nom de route d'Orléans;

6° Une autre voie sortant de la même ville, touchant à **Marcilly-le-Hayer**, et traversant la Seine à **Saint-Oulph** et l'Aube vers **Etrelles**;

7° Les voies réunies en faisceau au passage de **Pont-Belin** sur l'Armance; la première se dirigeant, par **Chaource** et le territoire de **Pargues**, sur **Lansuines**, la seconde conduisant vers le même lieu par **Etourvy**, et la troisième par **Turgy** et **Coussegrey**, vers **Tonnerre**;

8° Une voie de **Pont-Belin** qui, après avoir traversé les territoires de **Jeugny** et de **Crésantignes**, emprunte la route d'Autun à Troyes jusque vers **Chevillelle**, quitte cette route pour se diriger presqu'en ligne droite sur **Payns**, traverse la Seine, et va rejoindre la grande voie située entre la Seine et la **Barbuise** (1). De ce même point de **Pont-Belin**, une autre voie traverse **Saint-Phal**, le hameau de **Forêt-Chenu**, descend la vallée de l'Ancre jusqu'à **Estissac**, puis remonte le petit ruisseau du Bétro pour rejoindre celui de l'Ardusson et se diriger sur **Pont-sur-Seine**.

---

(1) Cette voie fut celle que la reine Louise, femme de Henri III, parcourut, en juillet 1583, pour se rendre de Mézières à Bourbon-l'Archambault. La reine passa par Saint-Lyé, la Mothe, près Torvilliers, Saint-Phal et Tonnerre. A cause de la peste, elle n'entra pas dans la ville de Troyes.

Nous arrêtons ici nos citations, sans parler de quelques tronçons de voies dont l'origine est bien reconnue, il est vrai, mais dont la direction est loin d'être précise.

Quelques-unes de ces voies sont aujourd'hui remplacées par de grandes routes. D'autres sont complètement abandonnées et demeurent à l'état de terrain vague ou sont mises en culture. Quelques-unes sont descendues à l'état de chemins ruraux.

Après l'énumération des voies que nous venons de signaler, un fait peut frapper l'attention : c'est que, dans la vallée de la Seine, sauf la partie comprise entre Troyes et Virey-sous-Bar, et celle de l'Aube pour une partie de son parcours, ainsi que dans la vallée de l'Ource, il n'a été signalé jusqu'à ce jour, avec certitude, aucune voie remontant à l'époque gallo-romaine. Il est cependant difficile de croire que ces vallées, habitées alors, comme les autres monuments de cette époque l'affirment, n'aient pas eu de grandes voies au service des habitants. Il faut croire que les routes ou chemins parcourus aujourd'hui dans ces vallées sont ceux qui furent primitivement créés, ou que les terrains descendant des hauteurs en ont fait perdre le tracé.

Notre département renferme d'autres monuments beaucoup plus modestes sur lesquels on a gardé jusqu'à ce jour le plus profond silence. Nous essaierons de les faire sortir de l'oubli.

La table huitième de la loi des douze tables, n° III, porte : « *Intrà quinque pedes œterna auctoritas esto.* » Qu'on laisse entre les héritages de campagne un » espace de cinq pieds, et que cet espace ne puisse » jamais être prescrit. » Cette ancienne loi, ignorée par la plupart de ceux qui la pratiquent, a encore de nos jours une autorité fort respectée parmi les populations rurales, et si elle ne reçoit pas une entière application, elle n'est pas complètement abrogée.

Ici, pour héritages, il ne faut pas prendre les parcelles innombrables qui, à notre époque, morcellent le sol, mais le territoire de la plupart, non pas de nos communes, mais de centres d'habitations existant lors de l'application de la loi romaine. Cette loi n'aurait été que la reproduction d'une loi de Solon.

Lors de la conquête, le sol fut divisé. Les conquérants le partagèrent entre eux, et les vaincus furent attachés comme esclaves ou comme colons au morceau de terre attribué à chacun des vainqueurs. Ceux-ci conservèrent à ce territoire son ancien nom, ou lui appliquèrent le nom du nouveau possesseur. Les Francs suivirent cet exemple.

La table huitième, sur les héritages, aurait été appliquée en Champagne comme en Bourgogne, chez les Sénons comme chez les Lingons. Aujourd'hui encore, la plupart des territoires de nos communes ou de parties de nos communes sont limités par une motte ferme qui change de nom, de forme et de matière, selon la région.

En Champagne, je veux dire sur la craie, cette division est nommée *fin, tertre, voie finière,* plus rarement : *frat, chasse* (1), *voie chassante.* Le plus grand

---

(1) Ce nom de *chasse* est employé en Normandie pour désigner une voie, ainsi qu'en Champagne.

nombre des communes de cette partie du département sont limitées par des tertres couverts d'un fin gazon, dont la largeur s'étend quelquefois à dix ou douze mètres, et dont la forme bombée domine tous les champs voisins. Dans d'autres, situées dans la vallée de l'Orvin, nous avons vu des territoires limités par des pierres levées, très-rapprochées les unes des autres, quelquefois d'un mètre au plus.

L'existence d'un tel état de choses peut aider à distinguer les lieux habités à cette époque reculée de ceux dont la création aurait une origine plus récente. Citons quelques exemples sur un grand nombre que nous pourrions invoquer. Ainsi, le territoire de Marcilly-le-Hayer comprend trois groupes principaux d'habitations qui se divisent en autant de parties limitées par des tertres nommés *fin*. La commune de Sainte-Maure qui, sous le nom de sa patronne, couvre les subdivisions de *Culoison*, de *Marnay*, de *Charley*, de *Vanne*, de *Vermoise*, a son territoire divisé en autant de parties séparées entre elles par des tertres. Les fermes et hameaux de *Chavaudon*, de *Pertheleine* et de *Charmesseaux*, ne contenant qu'une ou deux habitations, sont aussi limités par des tertres.

Citons maintenant des exemples pris dans le sens opposé. Entre la Barbuise et l'Aube, il existe deux seuls villages, *Mesnil-Lettre* et *Mesnil-la-Comtesse*, dont les noms appartiennent à la langue romane et dont les territoires sont formés aux dépens des villages des bords de l'Aube et de la Barbuise. En dehors des vallées de la Seine et de la Barbuise, et entre ces deux rivières, on trouve trois villages : les *Grandes-Chapelles*, les *Petites-Chapelles* et *Premierfait*. On ne peut, par les noms qu'ils portent, faire remonter ces

léparte-
d'un fin
. dix ou
ine tous
dans la
es limi-
les unes

aider à
reculée
plus ré-
d nom-
rritoire
es prin-
de par-
mmune
tronne,
nay, de
e divisé
des ter-
de *Per-*
'une ou
rtres.
le sens
te deux
se, dont
et dont
villages
dehors
ntre ces
randes-
On ne
nter ces

trois centres d'habitants à l'époque gallo-romaine. Les deux premiers devraient leur origine à une colonisation favorisée par le Chapitre de Saint-Pierre de Troyes, dans une partie des finages de Rilly-Sainte-Syre et de Chauchigny qui faisaient partie de son domaine. La délimitation du territoire des Grandes-Chapelles avec celui de Chauchigny, des Petites-Chapelles avec Rilly-Sainte-Syre, et de celui de Premierfait avec celui des communes situées sur l'Aube et la Barbuise, Nozay, Pouan, Bessy, nous font croire qu'ils ont été formés avec des portions de territoires de ces villages antérieurement établis. Aussi les délimitations entre ces dernières communes ne sont-elles pas indiquées par des tertres, ainsi qu'il en est pour les portions qui confinent avec d'autres territoires.

Les anciennes mesures agraires employées dans ces communes nous fournissent encore la preuve de ce que nous avançons. Du côté de l'Aube et de la Barbuise, la propriété est divisée par les unités de mesure en usage dans les communes assises sur ces rivières, et du côté de la Seine par celles qui sont employées dans les communes placées sur les bords de cette rivière.

Dans la partie de la Bourgogne comprise dans notre département (pays des Lingons), cette limite des territoires se nomme *Theulée, Teurée, Turée, Turot, rang, randon*, quelquefois *tertre* et aussi *chemin finéral*. Ici la theulée, le turot est formé d'un amas de pierres, d'un tertre couvert de quelques buissons, d'un chemin, d'un sentier surélevé, dominant le sol voisin. Dans les lieux où le sol a acquis de la valeur, ce tertre est réduit à la plus étroite limite ; il conserve néanmoins une élévation qui permet facilement d'en suivre la trace. Ici les délimitations de territoires ne se font plus au moyen de lignes droites comme dans les plaines de Champagne, mais bien par des lignes courbes ou brisées qui suivent les reliefs accidentés d'un sol montagneux.

Ces délimitations territoriales seraient donc une œuvre gallo-romaine, non-seulement parce qu'elles sont l'exécution d'une loi appliquée dans tout l'empire, mais surtout parce que nous ne les rencontrons pas sur les terrains des grès verts : terrains qui ne furent défrichés, et par conséquent peuplés que longtemps après la disparition sur le sol français du pouvoir romain.

Certaines contrées de France sont riches en monuments épigraphiques. Notre département n'en possède pas : sans aucun doute en raison de la mauvaise qualité des matériaux. Nos annalistes ne nous ont conservé le souvenir d'aucun monument de ce genre, et cependant nous avons peine à croire que les contrées qui forment notre département n'en aient jamais possédé, quand elles renferment un grand nombre de lieux signalés et reconnus comme étant habités au temps où la Gaule recevait ses lois de la ville éternelle.

Nous avons enfin porté nos yeux vers l'industrie, et nous avons recherché s'il existait encore des débris provenant d'ateliers qui pouvaient être attribués à l'époque gallo-romaine. Cette recherche ne pouvait s'appliquer qu'à la céramique et à la métallurgie.

Pour la première de ces industries, on peut citer l'atelier d'un potier découvert en 1854 à Vendeuvre, en même temps que des vases et un cimetière rappelant le dernier siècle de la période gallo-romaine. A Montpothier, on aurait aussi rencontré les restes d'un four à poterie, et que les débris qui l'entouraient feraient remonter à cette date.

Mais, si la fabrication de la poterie n'a laissé dans le pays que des souvenirs douteux, il n'en est pas de même de la fusion du minerai de fer, industrie qui laisse dans les lieux où on la pratique des traces ineffaçables. Seulement, à quelle date remonte cette exploitation ? Nous n'hésitons pas à répondre que, dans la contrée d'Othe, cette exploitation appartient aux temps les plus reculés, et même qu'elle est antérieure aux temps gallo-romains.

Nous ne rappellerons pas ici les gisements de minerai de fer renfermés dans le département de l'Aube, et que signalent les noms de pays ou de contrées, comme Rigny-le-Ferron, Ferreux, le Mineroi, les Ferronnes, les Ferrières, le Ferrier, le Ferroy, les Minières, le Minerat, et nous ne parlerons pas des anciennes forges de Vendeuvre et du Temple-lès-Vendeuvre, dont l'exploitation ne paraît pas être antérieure au moyen-âge. Dans la contrée d'Othe seule, se rencontrent des preuves certaines de nombreuses exploitations métallurgiques datant des temps gallo-romains, même des temps celtiques.

On est surpris du grand nombre de dépôts de scories, de laitiers, de ferriers, de mâchefers que l'on rencontre dans cette contrée. Le territoire de la commune de Saint-Mards-en-Othe en possède au moins sept, tous isolés les uns des autres, et il existe de ces dépôts sur le territoire des communes de Maraye-en-Othe, d'Aix-en-Othe, de Bœurs-en-Othe et de

Sormery (1), de Nogent-en-Othe, de Chamoy, de Saint-Phal; et les communes de Paisy-Cosdon, d'Aix-en-Othe, de Villemoiron, de Chennegy, de Marcilly-le-Hayer, de Pouy et d'Estissac, auraient possédé des forges.

Ce qui peut surprendre nos maîtres de forges du XIXe siècle, c'est de voir tous ces dépôts éloignés des cours d'eau. Ce fait n'étonnerait pas moins ceux du XVIe, puisque Bourbon, poëte latin, qui nous a gardé le souvenir des moyens employés par son père pour traiter le minerai de fer, nous dit : « Il faut, » suivant le vieil usage, laver tout le minerai, et ex-» poser à l'air et à la pluie celui qui est trop com-» pacte, le griller et le casser en petits morceaux » qu'on lave encore dans une eau courante, puis le » porter au fourneau qui doit être construit sur le » bord d'une rivière. Ce fourneau est une haute » construction en pierres brutes, revêtue à l'intérieur » d'un sable très-résistant à l'action du feu. Deux souf-» flets placés derrière, et faits de peaux de bœufs, » sont mis en mouvement par une roue hydrau-» lique. Ils soufflent tour à tour et en cadence. »

Dans la contrée d'Othe, point de vestiges de constructions, point de ces matières qui ont servi à l'édification des tours des fourneaux, débris qui ac-quièrent une résistance supérieure à celle du fer; surtout point de cours d'eau près de ces dépôts ou dans leur prochain voisinage.

L'industrie était donc, lors de la formation de ces dépôts, dont quelques-uns mesurent plusieurs mille

---

(1) Ces deux communes appartiennent au département de l'Yonne.

mètres cubes, dans un état primitif; point de lavage, point de haute construction pour le fourneau, point de ventilateurs puissants pour augmenter l'intensité du calorique, mais sans doute un trou creusé dans le sol servant de fourneau, et du bois brûlé en grande quantité convertissant en fonte un minerai d'une fusion facile.

On pourrait sans doute croire que ces ateliers étaient autrefois sur les bords de ruisseaux aujourd'hui disparus. Ce fait exceptionnel pourrait, à la rigueur, être admis pour quelques-uns de ces dépôts, mais le plus grand nombre occupent des lieux où la nature n'a jamais fait couler de ruisseaux.

Ces exploitations remontent donc au temps les plus reculés, et elles constituaient, avant la conquête de Jules César, l'une des sources de la richesse nationale (1). Certaines d'entre elles furent reprises au moyen-âge. On assure qu'il a été trouvé plusieurs fois des médailles romaines dans l'intérieur de ces ferriers. Si ce fait était établi, ce genre de preuves se joindrait à celui que nous allons signaler. « Pour » mon compte, » dit M. Quantin, archiviste du département de l'Yonne (2), « j'ai eu en ma posses- » sion une médaille du iiie siècle qui avait été trou- » vée à 0,50° au-dessous des ferriers de la montagne » du Puits-Avril, commune d'Aillant-sur-Tholon. »

Vers 1842, dans les dépôts de scories de Turny, commune du département de l'Yonne, voisine de

---

(1) *Histoire des Gaulois*, par M. Am. Thierry, liv. IV, ch. Ier, d'après Plutarque, Suétone, César, Strabon, etc.

(2) Note sur l'exploitation du minerai de fer, au moyen-âge, dans le département de l'Yonne. (*Annuaire de l'Yonne*, 1846.)

de celui de l'Aube et faisant partie de la contrée d'Othe, on aurait trouvé une statuette reconnue pour appartenir à l'époque gallo-romaine.

Si ces faits laissent des doutes dans l'esprit, il en est un autre appartenant au département de l'Aube qui doit les faire disparaître : c'est la reconnaissance faite, il y a quelques années, dans la voie romaine de Troyes à Autun, par Auxerre, sur les communes de Chamoy, de Saint-Phal, etc., et sur une longueur de plusieurs kilomètres, de scories ou machefers trouvés pour une partie importante parmi les matériaux employés à la construction de cette route, recouverte d'une couche de terre arable dont l'épaisseur dépassait souvent 1^m 50. On sait que cette voie est indiquée dans l'itinéraire d'Antonin. Aucun doute ne peut donc subsister sur l'existence, au temps de la domination romaine, de l'exploitation du minerai de fer dans la contrée d'Othe.

§ III. — *Des Monuments mérovingiens et carlovingiens.*

Les monuments de ces deux époques sont beaucoup plus rares que ceux de l'époque précédente, quoique la durée de ces deux périodes réunies fut beaucoup plus longue que la première. Cette différence s'explique ainsi. Sous la domination romaine, on édifia ; sous la première race de nos rois, on détruisit tout, on brûla tout, et la Gaule retourna vers la barbarie la plus profonde. La première et même la seconde période de la monarchie francaise n'édifièrent rien de durable. Aussi ne trouve-t-on de

souveni
cimetiè
architec
taine ne
de cette
les mo
l'invasic
les rois
norman
parcour
trionale
Faut-
cause à
avec ce
ments a
des sini
ment ch
des rév
explicat
terons-r
» éteint
» édific
» préoc
» Point
» de vas
» suivie
» puis l
» ment
C'est

(1) *An*
p. 288.

souvenirs matériels de ces époques que par quelques cimetières, de rares monnaies : aucun monument architectural auquel on puisse donner une date certaine ne nous est conservé. L'on pourrait être étonné de cette pauvreté, si l'on n'avait pour l'expliquer les motifs généraux que nous donne l'histoire : l'invasion du ve siécle, les guerres continuelles entre les rois mérovingiens et les excursions des bandes normandes qui, dans la dernière moitié du ixe siècle, parcoururent la Champagne et la Bourgogne septentrionale.

Faut-il ajouter, avec M. Mérimée, une autre cause à celles que nous venons de donner? Faut-il, avec ce savant, expliquer le petit nombre de monuments antérieurs au xie siècle comme conséquence des sinistres prophéties, qui jetèrent le découragement chez les peuples déjà ruinés par la continuité des révolutions, de la guerre et des pillages? Cette explication est tout au moins probable. Aussi répéterons-nous après lui, que « la pensée d'avenir était » éteinte en quelque sorte, et les fondateurs d'un » édifice, loin de songer à la postérité, semblaient » préoccupés de ne pouvoir le terminer eux-mêmes. » Point de ces grandes constructions entreprises sur » de vastes plans, conduites avec une sage lenteur, » suivies avec un désir constant de perfection, de- » puis la pose du fondement jusqu'au couronne- » ment du faîte (1). »

C'est donc à peine si l'on compte dans notre dé-

---

(1) *Annuaire de la Société de l'Histoire de France*, 1838, p. 288.

partement quelques lieux où existent des vestiges de l'époque mérovingienne. On signale principalement un cimetière à Verrières ; un autre à Renaut, près de Clérey; un autre près de Lévigny et de Fresnay, aux environs de Soulaines ; à Vendeuvre, quelques vases de poterie grossière; à Pouan, des sépultures mérovingiennes parmi lesquelles ont été trouvées les magnifiques armes avec ornements en or, incrustés de pierres rouges, et dont le travail rappelle celui des couronnes de même métal, dites de Rescewinde, déposées au Musée de Cluny. L'Empereur ayant offert ces armes à la Société Académique de l'Aube, elles sont déposées au Musée de Troyes. A ces armes a été réuni le beau vase en bronze doré trouvé au même endroit, et donné par M. l'abbé Coffinet.

La période carlovingienne ne nous a laissé que de très-rares souvenirs. A peine si l'on peut citer quelques fragments d'édifices. L'église de Saint-Lyé, de l'ancien *Mantenay*, qui se présente avec cette bizarrerie architecturale que la base de la tour de son clocher est construite avec des fragments de cercueils de pierre, peut appartenir pour une faible partie à cette époque. Nous citerons encore la découverte, en 1849, d'un grand nombre de monnaies baronales trouvées dans le sol au-dessous des fortifications en terre de Traînel, et celle de monnaies de Charles-le-Chauve et de Louis-le-Germanique faite à Bligny en 1858.

CHAPITRE IV.

PHILOLOGIE.

§ 1er. — *Observations générales.*

Tous les noms propres ont été originairement *significatifs,* a dit M. Eusèbe Salverte, dans son *Essai sur les noms de lieux.* Le nom appliqué à une chose, à un lieu, à un homme, sert à faire connaître le côté saillant de la chose, du lieu, ou de l'homme qu'il désigne. Ce nom était commun à l'origine. Il devint propre alors que l'usage le fit consacrer pour désigner la chose, le lieu qu'il servait à indiquer ; et nous ajouterons, peut-être aussi en raison de l'oubli dans lequel étaient tombées l'origine du nom et la langue d'où ce nom était sorti.

Leibnitz regardait avec raison les noms de lieux comme les plus propres de tous à conserver les restes des idiômes perdus et les traces de l'existence des nations détruites. Les objets qu'ils désignent subsistent, tandis que les hommes et les peuples périssent ou se dispersent.

Malte Brun a remarqué que les dénominations tatares des fleuves, des montagnes, des provinces de la Scythie Asiatique se reconnaissent au milieu des noms persans, consacrés par la géographie grecque depuis Alexandre.

M. de Humboldt, dont le monde déplore la perte
récente et dont l'autorité est si grande même parmi
les plus savants, dit, dans ses *Tableaux de la nature :*
« Dans tous les pays du monde, les noms des mon-
» tagnes et des rivières appartiennent aux monu-
» ments les plus anciens et les plus certains des
» langues. »

Un auteur en crédit, **M. A. Le Prévost**, qui a
traité de la géographie du centre de la France, a
écrit : « Les noms des rivières sont presque tou-
» jours celtiques, et sont devenus le plus souvent
» ceux de l'établissement le plus ancien fondé sur
» leur parcours. Toutes les fois que vous verrez un
» lieu et la rivière qui le traverse, ou le borne, porter
» le même nom, vous êtes autorisé à penser que
» c'est la rivière qui l'a porté la première (1). »

Après ces puissantes autorités, il nous est permis
de dire que, dans la nation française, on trouve
sous les couches franques et gallo-romaines une troisième couche, la plus profonde des trois. Celle-ci
nous conserve les souvenirs des temps où les Gaulois étaient encore purs de tout mélange avec le sang
étranger. Une contrée, un pays, une rivière, un
ruisseau ne peuvent porter un nom emprunté à une
langue étrangère à la nation qui a habité ce pays, cette
contrée. C'est donc dans la langue d'un peuple qui n'a
pas disparu, mais qui, deux fois par suite d'invasions,
a modifié son langage, qu'il faut remonter pour retrouver la valeur des mots qui désignent certaines
régions du territoire, nos rivières et nos ruisseaux,

et quel…
de la G…
tique ét…
des nor…
sez peu…
avoir re…
le cour…
et à ce…
leur vé…

Nous…
nous es…
d'en sc…
cher le…
les éty…
seulem…
porter…
Nous n…
qui vie…
en félic…
étude,…
tant au…

Qua…
génies…
de s'av…
mense…

Nou…
contré…
raison…

---

(1) *Revue des Soc. savantes,* 2e série, t. Ier, page 472.

et quelques-uns de nos villages. C'est donc au temps de la Gaule indépendante, au temps où la race celtique était encore pure, qu'il faut rechercher l'origine des noms de nos ruisseaux, dont la plupart sont assez peu importants, sont assez ignorés pour ne pas avoir reçu le baptême de la latinité; baptême qui, dans le cours des siècles, a défiguré tant de noms anciens et à ce point qu'on a la plus grande peine à démêler leur véritable origine. Ici cet embarras n'existe pas.

Nous nous hasardons à toucher à une étude qui nous est peu familière. Mais nous nous abstiendrons d'en sonder toutes les profondeurs et d'en rechercher les difficultés. Nous n'aborderons que fort peu les étymologies, nous en relèverons quelques-unes seulement en les généralisant et nos observations porteront plutôt sur l'ensemble que sur les détails. Nous nous bornerons à des indications. Que ceux qui viendront après nous aillent au-delà, nous nous en féliciterons, et nous serions heureux si, dans cette étude, nous étions suivi par de plus dignes, mettant au jour des idées et des faits nouveaux.

Quand on a pris pour guides quelques-uns des génies qui ont illustré l'humanité, on craint moins de s'aventurer sur un terrain glissant, quelqu'immense que soit la distance qui sépare d'eux.

§ II. — *Des Noms des cours d'eau.*

(Voir l'appendice n° 1.)

Nous avons démontré plus haut que les noms des contrées ou régions naturelles étaient choisis en raison du végétal dominant dans la contrée, du minéral qui entre dans la composition du terrain, ou de la topographie du sol. Le choix des noms des rivières et des ruisseaux a été basé sur les mêmes principes. Il n'est pas douteux que la couleur de l'eau, la rapidité de son cours, les accidents qui caractérisent les débordements, ont déterminé l'application de ces noms.

A notre époque, il est difficile, avec les ressources de la philologie, de découvrir les différences qui font appliquer des noms divers ayant la même signification, selon les linguistes en crédit. Ainsi : *Alen, Avon, Gir, Jen, Auzon, Laign, Lan, Len, Urse, Our,* et beaucoup d'autres encore signifient : rivière. Si ces noms, communs à l'origine, ont été appliqués à divers cours d'eau, c'est que ceux-ci avaient entre eux des différences qui pouvaient déterminer le choix du nom. Si ces quelques noms ont pour les philologues modernes la même valeur, il est hors de doute qu'à l'origine ils n'avaient pas la même signification. Mais aujourd'hui il est difficile, pour ne pas dire impossible, de reconnaître la véritable valeur, l'exacte signification de ces noms.

Le département de l'Aube compte au moins cent trente rivières ou ruisseaux dont l'importance varie, depuis la Seine qui comprend dans son bassin un grand nombre de départements, jusqu'aux ruisseaux les plus modestes. Sur ce nombre, chose fort remarquable, il y en a un sixième dont le nom commence par la lettre A, lettre qui, dans la langue française, est rarement placée à la tête des noms. Selon certains auteurs qui ont écrit sur nos origines celtiques, la seule lettre A signifierait *rivière*. Le fait que nous signalons pour le département peut s'appliquer à la France, un grand nombre de noms de cours d'eau commençant par cette lettre.

Consignons ici quelques remarques sur les noms des cours d'eau qui sillonnent et arrosent le département de l'Aube.

Nous signalerons tout d'abord, en procédant, suivant l'ordre alphabétique, *l'Auge*, *l'Aujon*, *l'Auzon*, *l'Auxon*. Ces noms signifient : rivière.

L'*Arce*, ruisseau qui prend sa source à Fontarce et deux petits ruisseaux du nom d'*Arcot* qui, tous deux, se jettent dans l'Aube. *L'Artot*, affluent de l'Ource, a sans doute la même signification. On trouve *Ass*, *Assa*, rivière.

L'*Avant* ou *Avan* et *l'Avon* (Aven, *Avon*, rivière) sont deux petits ruisseaux qui se jettent, le premier, dans l'Orvin et le second, dans l'Ardusson.

L'*Alen*, aujourd'hui l'*Alain*, qui prend sa source près de Pouy, porte un nom équivalant à celui de ruisseau.

L'*Amance* et les noues d'*Amance*, du bassin de l'Aube et de la Voire, prennent leur nom d'*Aman*, rivière. Le nom d'Amance est très-répandu en France. Celui d'*Armance*, vient du même nom ou d'*Arben*, d'*Arven*, ou d'*Arvon* qui ont la même valeur.

L'*Ancré*, ruisseau affluent de la Vanne, devrait son nom aux mots : *Ancra*, *Ancrea* qui veulent dire, *vallée*, *défilé*, *gorge de montagnes*. On doit reconnaître, qu'en effet, le vallon de l'Ancre est fort étroit et constitue un véritable défilé.

L'*Aube*, dont le latin est *Alba*, *Albis*, *Albula*, vient des mots celtiques *Alb*, *Alp*, qui, comme l'adjectif latin, *Albus*, signifient blanc. La couleur de l'eau de cette rivière, sa constante et parfaite limpidité, confirment l'origine de ce nom.

Si les mots commençant par la lettre *A*, simples dans leur composition, s'expliquent facilement par la voie étymologique, il n'en est pas de même de ceux qui commencent par les autres lettres de l'alphabet. A l'exception de la *Bourbonne* et de la *Brevonne*, qui donnent souvent des eaux bourbeuses et dont les noms auraient été choisis pour désigner la nature de leurs eaux, on ne peut guère proposer d'explication, hors de critique, pour d'autres cours d'eau du département. On a proposé pour la *Barse*, (*Barsan, Barsith*, en latin *Barsa*), *la rivière qui surprend;* pour la *Bodronne* ou *Baudronne, la rivière qui inonde*. Bien qu'en effet les sources multiples de la Barse aient un régime qui, dans quelques circonstances, peut surprendre, étonner, et que le phénomène naturel et caractéristique de la Bodronne soit dans ses fréquentes inondations, on ne doit accepter qu'avec réserve ces étymologies. Il en est de même de celle du nom d'*Armance, la rivière qui féconde*, quoique les bords de cette rivière soient couverts de prairies vastes et fertiles, et formés du sol le plus *fécond*.

Le département de l'Aube renferme deux rivières du nom de *Barbuise :* l'une est affluent de l'Aube et coule sur la craie; l'autre, qui sort des terrains tertiaires, arrose Nesle (Seine-et-Marne), Dival, Villenauxe, Barbuise, et se jette dans la Seine sur le territoire de Nogent. Chose à noter : c'est que ces deux rivières coulent à 36 kilomètres environ l'une de l'autre. Sans doute cette circonstance a fait donner à la Barbuise, qui passe à Villenauxe, le nom de cette ville ou celui de *Noxe, Nauxe, Noisé,* afin de ne pas la confondre avec la Barbuise de l'arrondissement d'Arcis. La rivière qui traverse Villenauxe est nommée dans une charte de Lothaire (840-855), confirmant l'existence et les possessions de l'abbaye de Nesle. On lit dans cette charte : *Vir venerabilis Sigoaldus abba de monasterio, quod vocatur Nigella quod est situm in pago mauripanse super fluvium Balbucia* (dont Martin a écrit : *Barbutia*). Ce fait de changement de nom d'une rivière est unique dans notre contrée.

La *Civanne* est un affluent de la Barse ; son nom signifierait : *une prairie arrosée par un ruisseau.* On appelle *savanne* des pâtures incultes, des marécages d'Amérique. Ce nom s'applique aussi en France à des prairies humides.

Le département compte quatre *Gironde.* Trois sont affluents médiats ou immédiats de l'Aube, le quatrième se jette dans l'Armance, à Chessy. Ces quatre ruisseaux sont profondément inconnus. Souvent ils sont à sec. Il faut que ce nom de Gironde ait une valeur fort significative pour désigner quatre ruisseaux, et notamment ceux qui se jettent dans l'Aube. Si l'on admet certaines origines, ce nom signifierait : la rivière rapide, caractère vrai de ces petits ruisseaux, toutefois quand ils ont de l'eau.

La *Laine,* dont les sources principales sont à Soulaines, et les plus élevées sur le territoire de Ville-sur-Terre ; la *Laigne,* qui prend sa source à Laignes (Côte-d'Or), *Fons Lagnis,* qui s'est appliqué le nom de la rivière, et les noms de pays : *Laines-aux-Bois, Viélaines* (jusqu'au xvie siècle : Vielz-Laines), *Laines bourreuses* (aujourd'hui Rosières), *Vulaines,* tirent leur origine de *Laign*, rivière, ou de *Llyn*, *Llynn*, marais. *Len*, en Armorique, signifie encore lac, marais. En langue runique, en Irlandais, *Ligna* veut dire : eau dormante. S'il est une étymologie qui soit bien appliquée, ce serait celle-ci, car les villages que nous venons de nommer, sont situés dans des lieux marécageux. Nous n'en exceptons pas même Laines-aux-Bois, placé sur un marais désséché, à la tête de ceux de Saint-Germain.

Le département renferme quatre ruisseaux d'une certaine importance, désignés sous le nom de *Landion*. Ils appartiennent aux régions jurassiques.

Deux cours d'eau, presque dans la même contrée, porte le nom de *Livon*. L'un s'alimente avec les eaux de l'Aube pour se jeter dans la Seine à Marcilly, et l'autre se forme des eaux de la Seine sur le territoire de Nogent, et rentre peu après dans le fleuve. Ce nom de *Livon* est encore appliqué dans l'Armorique pour désigner un débordement, une inondation. Ces deux cours d'eau ne sont formés que de la partie surabondante des eaux de l'Aube et de la Seine. Ils ne doivent leur existence qu'aux débordements des deux rivières qui ensuite reçoivent leurs eaux. Ce nom armoricain avait frappé tout particulièrement l'attention de M. Eusèbe Salverte.

On compte deux ruisseaux du nom de *Loire*, l'un à Chessy et l'autre à Saint-Thibault.

Mais voici un nom, *Le Melda*, appliqué à un cours d'eau coulant parallèlement à la Seine, depuis le château de Sainte-Maure jusque près de Méry, qui n'est qu'une variante d'un vieux mot, sans doute défiguré par le temps. Placé au bas des nombreux villages, assis sur la rive droite de la Seine, il reçoit toutes leurs immondices. On trouve, en 1537, ruisseau des *Merdasses*, un peu plus tard, *Merdas*, et enfin *Melda*.

Le nom de *Meldançon* appliqué à un affluent de l'Aube et à une des dérivations de la Seine, dans l'intérieur de la ville de Troyes, a subi la même transformation ; de *Merdançon*, on a fait *Meldançon*.

Au milieu de la forêt d'Orient, partie aujourd'hui détachée de la grande forêt du Der, se trouvent les étangs de la *Morge*. De la grande Morge, sort un ruisseau qui porte ses eaux dans la Barse. Ce nom a pour radical *Mor*, qui, dans toutes les langues celtiques, signifie *mer*, grande étendue d'eau ; *Mora* veut dire : lieu aquatique. Ce nom de *Mor* ou *More* désigne encore de nos jours, dans la vallée de la Seine, au-dessous de Troyes, et dans la vallée de l'Yonne, où ils sont nombreux, des trous remplis d'eau, alimentés par les infiltrations qui se produisent dans les grèves, formant le sol de la vallée (1).

Plusieurs ruisseaux, tels que *l'Ouze*, *l'Ouzotte*, *l'Hozain*, *l'Ousse*, peuvent être assimilés l'un à l'autre. On a traduit *l'Ouze* ou *Louze* par *Lutosa ;* de *Lutum*, qui signifie : boue, fange, dont on a fait *Lutecia*, *Lutèce*, qui a la même valeur. La nature, souvent terreuse des eaux de ces ruisseaux, confirme pleinement cette signification.

L'Ource, ou *l'Ourse*, *Ursus* en latin, rivière qui se réunit à la Seine, un peu au-dessus de Bar, ne si-

---

(1) Morbihan, petite mer. Armorique, voisin de la mer.

gnifierait encore que rivière; car on trouve *Our*, rivière, *Urse*, eau, rivière.

La *Rance*, affluent de la Barse, a de nombreux homonymes en France. On compte un ruisseau de ce nom dans les environs de Lyon, et un autre qui se jette en mer, sous les murs de Saint-Malo.

La France compte aussi plusieurs rivières de *Vienne*, et le département de l'Aube a la sienne. Les langues celtiques faisaient usage du mot *Jen* pour désigner une rivière.

Quant à la *Vanne*, rivière qui nourrit beaucoup et d'excellent poisson, doit-elle son nom à cette abondance de la gent aquatique, *Venna*, *Venne*, *Vanne*, signifiant : endroit propre à prendre du poisson ; ou à la nature marécageuse de ses bords, *Ven*, en celtique, désignant un marais?

Nous ne poursuivrons pas plus loin cette analyse et cette comparaison des noms de nos rivières et de nos ruisseaux avec des mots d'origine celtique. Nous n'en avons choisi que quelques-uns dont les rapprochements, avec des noms admis comme remontant aux Gaulois, donnent un certain degré de certitude qu'il est impossible d'obtenir par la décomposition des mots et la substitution des lettres. Cette dernière opération est trop commode. Son résultat peut facilement donner ce que l'on désire, et par conséquent, un juge un peu sévère ne trouve aucune garantie dans une telle appréciation.

Il ne faut pas s'étonner si les étymologies que nous proposons se reportent vers les mêmes mots : tels que rivière, eau, marais ; nous avons dit plus haut que la signification exacte et précise du nom celtique était perdue pour nous, et qu'il ne nous restait plus qu'un sens purement générique. A l'époque où ces noms ont été appliqués, la population répartie par petits groupes, localisée par vallée ou bassin, n'avait pas besoin de varier ses noms à l'infini. Et puis les barrières naturelles, que nous avons déterminées plus haut, expliquent comment des noms semblables ont pu être appliqués dans des contrées rapprochées pour nous, il est vrai, mais alors isolées et sans communication facile. Ainsi la Gironde, affluent du Landion, était séparée de celle de Torcy par la forêt du Der, et celles-ci l'étaient de la Gironde de Chessy par les plaines de la Champagne et par les épaisses forêts qui couvraient Chessy du côté du Nord. Pour apprécier ces faits avec vérité, il faut se débarrasser de l'impression produite par les immenses travaux du XIXᵉ siècle, qui permettent de traverser toute la France en vingt-quatre heures. Il faut se reporter aux temps où tous les groupes d'habitants, placés sur un cours d'eau, étaient étrangers et sans relations avec ceux qui habitaient la vallée voisine. Et sans exagérer ce qui existe de nos jours, les relations entre deux grandes villes, fussent-elles aux extrémités de la France, sont plus fréquentes et plus suivies qu'entre les populations placées l'une au midi, l'autre au nord d'une grande forêt, ou dans deux vallées voisines séparées par une montagne qui présente quelques difficultés à franchir.

Un travail semblable à celui auquel nous venons de nous livrer pourrait se faire sur les noms des sources. Beaucoup d'entre elles ont conservé des appellations qui ne peuvent s'expliquer qu'avec une langue qui n'est plus à notre usage habituel. Mais d'autre part un grand nombre ont changé de nom, ou sont placées sous l'invocation de la Vierge ou de quelque saint. Les noms des sources n'ont pas l'immobilité de ceux des rivières, et des circonstances locales, accidentelles, momentanées, déterminent souvent des changements de noms.

Nous nous bornerons donc à dire que le département de l'Aube comprend un certain nombre de sources qui portent le nom de *Douée, Dhuys, Dhuye, Dwy* (1), notamment à Aix-en-Othe, à Bar-sur-Aube, à Chaource, à Resson, à Soulaine, etc. Ces noms se rencontrent au nord et au midi de la France. Il signifie *source, fontaine*, en celtique. Dans les régions crayeuses, plusieurs sources portent le nom de *Bîme*, sans doute diminutif d'abîme. L'une des sources de l'Armance, à Chaource, se nomme la *Vilaine*.

§ III. — *Des Noms de lieux.*

Nous n'avons pas l'intention et il est hors de nos facultés de donner l'étymologie de tous les noms de lieux du département qui peuvent remonter à la Gaule indépendante. Nous ne nous occuperons que de ceux qui ont traversé les siècles à peu près purs de toute altération. On ne peut se dissimuler que cette étude présente de très-sérieuses difficultés, et qu'à chaque nom on peut soulever des objections plus ou moins fondées.

Nous proposons d'admettre, comme lieux primi-

---

(1) On dit maintenant source, fontaine de la Douée, c'est-à-dire, la fontaine de la fontaine.

tivement habités, ceux qui portent le nom des cours d'eau qui les arrosent, ou dont les sources sont situées à proximité des habitations. Ainsi *Amance*, *Auxon*, *Auzon*, les deux *Avant* (mieux *Avan*), *Avon-la-Pèse*, *Barbuise*, *Fontarce*, *Fontvanne*, *Herbisse*, *Lhuître*, *Resson*, *Sommefontaine*, sont des lieux où les habitants ont dû se fixer, alors que la plus complète indépendance régnait dans la Gaule.

Puis viennent ceux dont la signification nous est encore connue, d'une composition simple, et dont le radical existe dans la langue celtique.

Citons quelques exemples :

AIGUILLY, *Aiguilliacum*, *Aiguilleium*, prend son nom des nombreuses sources qui se produisent dans l'intérieur même de ce village.

AIX-EN-OTHE, *Aquæ*, *de Aquis in otta*, *Aquæ in utta;* de *Ai*, *Aigues*, *Aix*, eau, fontaine. Aix possède deux belles fontaines : l'une, la *Douée*, alimentait, aux temps des Romains, un établissement de bains dont les vestiges ont été signalés il y a quelques années ; la seconde s'appelle l'*Echoite*. Aix-en-Othe passe pour avoir été un domaine appartenant aux druides, auxquels les évêques auraient succédé.

ARGENTOLE, *Argentillia* (IX⁰ siècle); ENGENTE, *Argenteriæ*, sont situés dans des lieux aquatiques. Il en est de même d'Argenteuil et d'Argentenay (Yonne).

BAR-SUR-AUBE, *Barrum ad albam*, *Barrum super albam* ou *Albulam;*

BAR-SUR-SEINE, *Barrum super sequanam*, *Barrum ad sequanam;* de *Bar*, colline, sommet, montagne; d'où *Barrois*, pays des montagnes. On sait que ces deux villes, comme Bar-sur-Ornain, étaient assises au haut d'une montagne avant de descendre dans la

7

vallée. Nous avons donné plus haut la valeur de ce nom en parlant du Barrois.

Bouy (Luxembourg), *Boyacum, Boeium;*

Bouy (sur-Orvin), *Boyacum, Bouyacum* (monuments celtiques), doivent leur nom à leur situation boueuse, fangeuse. Il en serait de même de Boue, commune de Saint-Phal.

Braux (le-Comte), *villa Brah, villa Braus, Brauci comitis;* de Braw, Brau . lieu boueux, fangeux.

Bray, *Braium, Bray, Bri,* boue, fange.

Le département de l'Aube a plusieurs lieux habités du nom de Braux et de Bray; leur situation donne la raison de leur étymologie.

Chaource, *Caürsia, Cadusia, Chaorcia, Chaourcia.* Ce nom doit avoir le même radical que *Cahors,* prononcez *Cahorse.* Ces deux localités possèdent de très-belles sources, elles sont situées sur un lambeau de calcaire jurassique, et leurs noms sont formés de *ource, ors,* qui signifie source.

Ervy-le-Chatel, *Erviacum, Herviacum, Hervidium;* de *Erw,* champ, au pluriel *Erwy; Erw, Ervenn,* sillon de terre labourée; au pluriel *Irvi, Ervy, Erveu.*

Nous ferons remarquer que dans le département on trouve *Ervy-le-Chatel* et *Marigny-le-Chatel,* et, sur ses confins, dans celui de l'Yonne, *Cruzy-le-Chatel* et *Ligny-le-Chatel.* Pour ces quatre noms, nous proposons l'étymologie suivante; elle nous semble d'autant plus admissible qu'il n'y a pas de confusion possible entre ces localités et d'autres du même nom. Ce nom de *Chatel,* aujourd'hui qualificatif, dut être à l'origine le substantif. Ainsi, Ervy-le-Chatel signifierait *le château des champs;* Marigny-le-Chatel, *le château des marais;* Cruzy-le-Chatel, *le château de la roche* ou du *creux vallon,* et Ligny-le-Chatel, *le château des bois.* Cette interprétation s'explique par la nature ou la production du sol, et aussi par l'aspect des lieux.

GYÉ (sur-Seine), *Giacum, Gayacum, Gieyum super sequanam;* de *Gi,* eau, rivière, *Gyé,* source, surgeon d'eau.

JAVERNANT, *Javernandus, Javernantium;* de *Nant,* radical gaëlique et gallois, qui signifie courant d'eau; en cornique, *nance,* vallée; *nant,* Nanteuil, source du Nant; *nant,* torrent, vallée. La position qu'occupe le village qui porte ce nom est bien celle d'un torrent.

LANTAGES, *Nantavia,* 753, *Lantogia;* voir Javernant, car Lantage occupe une position identique à celle de Javernant, à l'égard des eaux torrentielles.

MARNAY, *Madriacum, Marnayum,* ancienne petite ville;

MARIGNY, *Marigniacum* (1);

MARNAY, hameau de la commune de Sainte-Maure;

LE MÉRIOT, près Nogent-sur-Seine;

MÉRY, *Moriacus, Mauriacum, Meriacum;*

MÉREY, *Meriacum, Mauriacum, Mareium;*

MARCILLY, *Marcilliacum, Marcelliacum.*

Tous les pays dont les noms renferment la syllabe *Mar, Mer, Mor,* dans le département de l'Aube, sont situés dans des contrées humides et *marécageuses.* Il en est ainsi pour les lieux que nous venons de citer.

---

(1) Une commune du département de la Marne se nomme Marigny, *Mariniacum.* Elle occupe une position topographique semblable à celle de l'ancienne petite ville de Marigny, du département de l'Aube.

Le département renferme un grand nombre de fermes, de hameaux, ou de lieux dits nommés *Maraux* ou
Marots, lesquels sont placés au milieu de marais. Il en
est de même des contrées ou des fermes de *Marivas*.

PALLUAU;

PEL-ET-DER, *Palus* et *Dervus.*

Palluau et Pel ont la même valeur : *pel, poël*, lac, marais; *Palut, Palud*, en latin *Palus*, ont la même signification que *Pel. Der*, chêne, forêt de chênes. Palluau
est une ancienne habitation au milieu des marais de la
forêt de Chaource. Pel-et-Der est une commune formée de deux groupes d'habitations, dont l'un se
nomme Pel et le second Der; ce village, assis aux
bords de la forêt du Der, est entouré de marais.

PERTHES (en Rothières), *Pertha in Rosteria;* de *Perth*,
buissons. Cette commune est située sur un tertre
d'un terrain très-fertile, placée au milieu de la
plaine de Brienne et en dehors du Perthois qui n'en
est pas loin. Il y a contraste entre le sol du monti-
cule et celui de la plaine. Sans doute *un buisson*,
un petit bois, existait dans ce lieu qui domine une
plaine de peu de fertilité. A Bercenay-le-Hayer une
grande contrée, encore couverte de buissons, porte
le nom de la Perthe. Pâlis a aussi un lieu dit désigné
sous le nom de la Perthe et ayant naguère la même
physionomie.

ROTHIÈRE (LA), *Rosteres, Rotheria.* On appelle rothières encore aujourd'hui les veines d'un terrain
presque improductif que l'on rencontre dans la
plaine de Brienne, lesquelles sont dues à des dépôts
de grèves à peu près pures de tout mélange.

RILLY (Sainte-Syre), *Riliacum, Reliacum, Rillia-
cum, Ruillei;*

Rouilly (Sacey), *Villa Ruliaca, Rulliacum, Rulleium;*

Rouilly (Saint-Loup), *Rulliaca, Ruliacum;*

Romilly (sur-Seine), *Romeliacum, Romilliacum, Rumilliacum;*

Rumilly (les-Vaudes), *Rumiliacum, Rumelleium;*

Ruvigny, *Ruviniacum, Ruvigneium.*

Tous ces pays occupent des positions basses et aquatiques. On ne peut douter qu'ils doivent leurs noms à peu près identiques à des positions semblables (1). Chennegy (canton d'Estissac) renferme une contrée de prés, mouillée par des sources et portant le nom de Romilly. On conserve encore, dans le langage du pays, le verbe *rouiller* pour indiquer une inondation dans les prairies.

Sommefontaine, *Summafons, Summusfons,* au xiiiᵉ siècle *Sommefont;*

Sommeval, *Summum Valle.*

De *Swm, Swmm,* tête, au propre et au figuré, la tête de la fontaine, la tête du vallon; situation de ces deux villages (2).

Valsurzeneth, jusqu'au xviiiᵉ siècle, depuis Valsuzenay, commune de Vendeuvre; de *Val,* vallon; *Sur,* source; *Zeneth,* prêtresse, vierge; *le Val de la Source de la Prêtresse* ou de *la Vierge.* Ancien village

---

(1) Reuilly, près Paris, l'une des villes de Dagobert Iᵉʳ, est nommée en latin, selon Hadrien de Valois, *Romiliacus.*

(2) Dans la Haute-Marne on trouve *Sommevoire,* dans la Marne *Sommesoude, Sommevesle, Sommebionne, Sommetourbe, Sompuis, Sommesois,* villages placés aux sources de la Voire, de la Soude, etc. Ce suffixe *Somme* paraît renfermé en France dans les départements de l'Aube, de la Marne et de la Haute-Marne.

situé sur les confins de la forêt du Der, et dont il ne reste plus que la chapelle dédiée à la Vierge. On y célèbre, le 8 septembre, la fête de la Nativité. Ce nom conserverait un souvenir du culte druidique pratiqué dans cette contrée. De *Zeneth* vient *Sena*, île de Bretagne célèbre dans les annales de la vieille Gaule par son collège de femmes.

VAUPOISSON, sur la rive gauche de l'Aube, que Cassini et d'autres avant lui ont écrit *Voépasson*, renfermerait dans sa première syllabe l'indication d'un passage, d'un gué dans la rivière voisine. En effet, un gué et un bac se trouvent à proximité de ce village. Une ancienne voie, venant de Troyes et traversant la plaine de Champagne, aboutit à Vaupoisson, placé en face de Vinets, d'où part une autre voie très-fréquentée au moyen âge, et que l'on indique dans la contrée comme voie romaine.

VILLY-EN-TRODES, *Villiacus in Trodæ*. On a traduit le mot *Trodes* par celui de *Boue*. Il y a peu de traductions qui soient mieux justifiées par la nature du sol.

VERRIÈRES, *Verrerie, Verreriæ;* de *Werp,* bord de rivière, passage. Verrières est assis sur la rivière de Seine, que l'on traversait à gué jusqu'à ces derniers temps, c'était donc un passage. De Pontarlier, pour entrer en Suisse, on passe par les *Verrières-Françaises*, et de là par les *Verrières-Suisses*, passage qui se divise en trois parties, d'après la nature et la configuration du sol.

VOUÉ, *Vooiz, Woué, Votum; Gué, Vadum*, selon la basse latinité. Ce village est assis sur la Barbuise (arrondissement d'Arcis), et à l'endroit où la voie romaine de Troyes à Châlons traverse cette rivière. Ce

ont il ne
ge. On y
ivité. Ce
ruidique
nt *Sena,*
la vieille

ibe, que
son, ren-
tion d'un
En effet,
le ce vil-
s et tra-
Vaupois-
utre voie
indique

a traduit
u de tra-
ature du

rd de ri-
vière de
derniers
er, pour
ançaises,
ui se di-
configu-

selon la
uise (ar-
voie ro-
vière. Ce

grand chemin devait exister même avant les temps gallo-romains (1).

VIELAINES, VULAINES, SOULAINES, LAINES-AUX-BOIS. Voir plus haut au nom de Laignes, rivière.

Il n'en est pas des noms qui se terminent par *y* comme de ceux qui font l'objet des observations qui précèdent. Ces noms, que le latin termine par *iacus, iacum, acus, acum,* sont généralement reconnus pour être antérieurs à la conquête. Par l'influence des deux invasions ils ont perdu la terminaison en *ac* au nord de la Loire, tandis qu'ils l'ont conservée au midi de cette rivière (2). Le suffixe gaélique *ach* répondrait au sanscrit *aka*, et, selon M. Amédée Thierry, signifierait *habitation*. Si l'on en croit un commentateur du grammairien celtique Zeus, qui fait autorité, on doit prendre cette terminaison pour équivalent du mot *propriété*. Mais, selon le même linguiste, il ne faudrait pas donner à tous les noms qui, au midi de la Loire, se terminent par *ac*, et au nord à ceux qui finissent par *y*, une origine celtique. Ce suffixe est certainement gaulois, mais il peut aussi avoir une origine latine, même grecque et, si l'influence grecque ne doit pas être comptée dans nos contrées, celle de la langue latine peut être prise en sérieuse considération. On ne

---

(1) A Avreuil, un passage du Landion est nommé *le Gué du Voué;* au Mériot, il y a le Gué du Voix : c'est dire le gué du gué. A Ville-sur-Arce, sur l'Arce, à Bernon, sur la Mandrille, on trouve la contrée du Voué. A Saint-André, près Troyes, il y a le *Voué*, contrée placée près d'un passage sur le ruisseau de la Vienne.

(2) *Estissac*, autrefois Saint-Liébault, est le seul village qui, dans le département, se termine en *ac*. Il a été imposé à cette paroisse, dans le cours du XVIIIe siècle, par un membre de la famille de la Rochefoucault, seigneur d'Estissac, en Guyenne.

doit pas oublier non plus que la langue celtique ou gauloise avait de profondes racines dans nos contrées ; elle n'a certes pas disparu immédiatement après la conquête de Jules César. Le développement du bien-être sous l'influence romaine, suivi de celui de la population, fit créer un grand nombre de nouveaux centres d'habitations, et, sous ce régime, la forme ancienne des noms de lieux a dû se maintenir tout en se composant de noms latins et de la terminaison celtique. Nous en citerons quelques exemples : ainsi, Valentigny, *Valentiniacum*, propriété, domaine ou habitation de Valentin ; Jully, *Juliacum*, propriété, domaine ou habitation de Jules (1).

Aux noms qui se terminent par *y*, on peut ajouter la plus grande partie de ceux qui finissent en *ay*, en *ey*. Comme les premiers, ceux-ci, dans nos contrées, se terminent en latin par *acum*, *acus*, *iacus*, *iacum*, et ce n'est qu'à l'époque de la basse latinité, et postérieurement encore, que ces noms ont vu leur terminaison ancienne se changer en *aïum* ou *eïum*. Je dis la plupart, car il est certain que les noms de *Prunay*, de *Roncenay*, de *Fresnay*, etc., doivent faire *Prunaie*, *Roncenaie*, *Fresnaie*, qui sont des lieux où végétaient des pruniers, des ronces, des frênes, comme on dit encore, *Chénaie*, *Châteigneraie*, *Pommeraie*, pour indiquer un lieu planté de chênes, de châtaigniers et de pommiers.

Nous consignerons ici une remarque qui nous paraît importante : c'est que les noms qui se terminent

---

(1) La réforme proposée par le savant M. Guérard, et acceptée par quelques écrivains, de remplacer dans ces noms l'*y* par l'*i*, nous paraît très-fondée.

par *y* sont beaucoup plus communs au midi qu'au nord de la rivière d'Aube, qu'ils deviennent plus rares dans la Haute-Marne, et qu'ils sont très-répandus dans le département de l'Yonne.

Les deux mots *ville* et *court*, entrent dans la composition d'un grand nombre de noms de lieux du département, comme préfixes ou suffixes. Ces deux mots sont préfixes au midi de la rivière d'Aube, ils sont suffixes au nord. Cette rivière, en traversant le département qui a pris son nom, le partage en deux portions dont l'une, celle du nord, contient environ un cinquième de son territoire, et celle du midi, les 4/5. Malgré cette division fort inégale, la partie du nord, à laquelle nous ajoutons les bords de la rive gauche de la rivière, contient quatorze noms de lieux dans lesquels le mot *ville* entre comme suffixe et un seul comme préfixe. Dans le surplus du département, on ne trouve que vingt-trois noms qui le contiennent : dans dix-huit, il est placé au commencement, et, dans cinq, il est à la fin du nom.

Quant au mot *court*, il occupe, au midi de la rivière d'Aube, le commencement dans vingt-un noms, la fin, dans deux seulement. Au nord (1), il est à la tête dans *Courcelles* et *Coclois* (Cortis Claudia), et à la fin dans vingt (2). [Voir l'appendice n° 4.]

Ces remarques établissent que la région du nord contient un bien plus grand nombre de lieux dont les noms renferment les mots *court* et *ville*, que celle

---

(1) Cantons de Ramerupt, Brienne, Vendeuvre, Bar-sur-Aube et Chavanges, au Nord-Est du département.

(2) Dans la Haute-Marne, canton de Joinville, on trouve Vecqueville, *episcopi Villa*, et dans celui de l'Aube, canton de Piney, Villevoque, *Villa episcopi*.

du midi de la rivière d'Aube. La place qu'ils occupent dans ces noms n'est pas sans importance, surtout quand ces différences se continuent, en s'augmentant dans le département de la Haute-Marne, de la Meuse et autres de la région de l'Est de la France, et s'effacent complètement dans le département de l'Yonne, où il n'existe aucun nom de lieux se terminant par *court* ou par *ville*. Ne trouve-t-on pas encore ici une limite des anciennes invasions indiquée, soit par l'emploi de ces deux mots, soit même par la place qu'ils occupent dans les noms (1)? [Voir l'appendice n° 5.]

En outre des noms dont nous venons de nous occuper, il en est encore un grand nombre qui ne paraissent prendre leur origine ni dans la langue latine, ni dans la langue franque ou romane. Il faut remonter au-delà. Alors on ne trouve plus que la langue kimrique pour répandre quelques faibles rayons

---

(1) On sait que *Cortis, Curtis, Cors, Court*, signifient une habitation rustique avec toutes ses dépendances, bâtiments, colons, esclaves ou serfs, les champs, les personnes qui sont nécessaires à une colonie. Souvent le nom de *Court*, d'origine franque ou mérovingienne, est attaché à un nom d'homme, celui du possesseur : *Bosonis curtis*, le court, la colonie, le domaine de Boson ; Arembécourt, *Aramberti curtis*, le domaine d'Arambert, etc. On applique encore en Champagne le nom de *Cortin* aux dépendances, au jardin, au verger dépendant de la maison d'un cultivateur. De ce nom vint *Curtil, Courtil, Curtille, Courtil, Courtillage, Curtillier*, pour signifier, jardin, jardinage, jardinier.

Le nom de *Ville, Villa*, d'origine romaine désignait une habitation de peu d'importance, une maison de campagne, ensuite un certain nombre de maisons rurales. Il désigna des villages jusqu'au xv° siècle, et ce ne fut que vers le xvi° siècle que cette signification fut abandonnée.

d'une lumière lointaine sur ces épaisses ténèbres ; et, pour trouver des explications fort douteuses, il faut entreprendre la décomposition des mots. Ce procédé nous paraît trop facile, par conséquent trop incertain pour y avoir recours. Nous abandonnons ce travail à de plus sagaces. Nous aimons mieux rester au-dessous de la vérité que de la dépasser.

Il n'entre pas non plus dans notre cadre d'étudier les noms modernes qui prennent date au moyen-âge, et dont la langue romane serait la mère. Nous constaterons seulement que ces noms se rencontrent surtout dans la région des grès verts, dont les défrichements sont postérieurs aux périodes gauloise et franque. Dans la forêt d'Othe, on en trouve aussi quelques-uns, parmi d'autres beaucoup plus anciens. Ils désignent des lieux créés et habités dans le cours du moyen-âge. Ils sont fort rares sur les bords de la Seine et de l'Aube et dans les vallées jurassiques ; là ils ne désignent le plus souvent que des fermes ou des hameaux.

Il est encore une série de noms qui méritent une observation : ce sont ceux qu'un patron, choisi parmi les héros du christianisme, sert à désigner. La plupart de ces noms en cachent d'autres plus anciens. Ils ont été vulgarisés au moment de la toute-puissance du catholicisme, et le nom nouveau a fait supprimer l'ancien, sans que celui-ci soit tombé dans un entier oubli. Ainsi : Thurey est devenu Saint-Benoît-sur-Seine ; Courmorin, Saint-Benoît-sur-Vanne ; Dodiniacourt, Saint-Christophe ; Marcelly, Saint-Flavit ; Linçon, nom donné à toute la paroisse, fut abandonné pour celui de Saint-Germain ; Faverolles est devenu Saint-Hilaire ; Requinicourt, Saint-Léger-sous-Brienne; Saint-Léger, près Bréviande, couvre de son nom les lieux désignés sous ceux de la *Villa monasteriolum*, Cervets, Herbigny. Il en fut de même de Sainte-Maure, qui cache de son nom, les hameaux de Marnay, de Beurville, de Culoison, de Vanne, de Vermoise et de Charley. Saint-Lyé dérobe aux souvenirs l'ancien municipe de Mantenay; Saint-Mesmin couvre les noms de Breuil et de Courlanges. Enfin, les noms de Saint-Jean-de-Bonneval, de Saint-Loup-de-Buffigny, de Saint-Martin-la-Fosse, de Saint-Martin-de-Bossenay, placent les lieux de Bonneval, de Buffigny, de la Fosse et de Bossenay, sous le patronage des bienheureux Jean, Loup et Martin. Il en est de même de Dierrey-Saint-Pierre, de Dierrey-Saint-Julien, de Droupt-Saint-Basle et de Droupt-Sainte-Marie.

Enfin le département renferme un certain nombre de lieux habités dont les noms ne peuvent trouver leur étymologie dans les langues latine ou romane, et qui conservent une terminaison plurielle dans l'appellation vulgaire comme dans la traduction latine, à quelque date que remonte cette traduction. Parmi les trente-sept noms de cette espèce que nous avons relevés, nous nous bornerons à la citation de quelques-uns, ainsi : Arrentières, *Arrenteriæ*; Assencières, *Assenceriæ*; Chappes, *Cappæ* (753); Chavanges, *Cavanicæ* (753); Fouchères, *Fulchariæ* (710); Feuges, *Feugiæ*; Luyères, *Lueriæ*; Valières, *Valeriæ* (885); Marolles, *Marolliæ*; etc. Tous ces noms emportent donc avec eux l'idée qui s'attache aux substantifs communs, c'est-à-dire qu'à l'origine plusieurs *choses* semblables étant réunies au même lieu, ces *choses* ont servi à désigner ce lieu.

§ 1er. —

S'il es
ficiles à
sont pas
tant plu
avoir ét
le plus
pagi cel
cette co
vilisatio
sur un
tribus,
les relat
ils à aid
reux si
sur ce s
On a
relles c

(1) No
Jacobs s
Les prin
convaincu
couverte

CHAPITRE V.

GÉOGRAPHIE.

§ Ier. — *Des Pagi celtiques et des Divisions gallo-romaines et ecclésiastiques.*

S'il est en géographie ancienne des questions difficiles à résoudre, celles qui touchent aux pagi ne sont pas les moins ardues. Ces difficultés sont d'autant plus grandes à notre époque que le sujet paraît avoir été plutôt obscurci qu'éclairci, en confondant le plus souvent en une seule et même époque les *pagi* celtiques et les *pagi* des temps postérieurs : cette confusion conduit à une grave erreur. Trois civilisations ne passent pas sur une grande contrée, sur un grand peuple, formé d'un nombre infini de tribus, sans modifier les limites, sans bouleverser les relations primitives. Aussi nos efforts tendront-ils à aider à débrouiller ce cahos. Nous serions heureux si nous parvenions à jeter quelques lumières sur ce sujet (1).

On a vu plus haut quelles sont les régions naturelles comprises dans le département l'Aube. Ces

---

(1) Nous avons lu avec le plus vif intérêt le travail de M. Alfred Jacobs sur les *pagi* publié dans la Revue des sociétés savantes. Les principes qu'il y expose sont très-fondés, et nous sommes convaincu que sa méthode est la seule qui puisse conduire à la découverte de la vérité.

contrées formèrent les *pagi* primitifs, chacun d'eux étant peuplé d'une tribu gauloise, et le nombre de ces tribus, au moment où César envahit la Gaule, est porté à trois ou quatre cents

« L'étude de la constitution de l'écorce du globe terrestre, » ont dit **MM.** Dufresnoy et Elie de Beaumont (1), « réduite à la considération des masses » principales, nous la présente comme composée de » pièces d'une assez grande étendue, dont chacune » offre un certain degré d'homogénéité.

« Le mot *pays*, » dit Monnet, cité d'après ces savants géologues, « est très-significatif. Il présente à l'esprit » une tout autre idée que celle qu'on y attache dans » le langage ordinaire. *Il désigne un ordre tout parti-* » *culier de terrain dans une certaine étendue.*

L'illustre auteur des recherches sur les ossements fossiles remarquait, avec une profonde justesse et cette lucidité qui caractérisent tous ses écrits, que de l'abondance plus ou moins grande d'un minéral dans chaque lieu, du plus ou moins de facilité qu'on trouve à se le procurer, dépendent souvent la prospérité de chaque peuple, ses progrès dans la civilisation, tous les détails de ses habitudes. « La Lom-» bardie, » dit **M.** Cuvier, « n'élève que des maisons » de briques à côté de la Ligurie qui est couverte de » palais de marbre. Les carrières de Travertin ont » fait de Rome la plus belle ville du monde ancien ; » celles de calcaire grossier et de gypse font de » Paris l'une des plus agréables du monde nouveau.

---

(1) Introduction à l'explication de la carte géologique de la France, t. Ier, page 5.

» Cette influence du sol local s'étend à des choses
» bien autrement élevées.

» A l'abri des petites chaînes calcaires, inégales,
» ramifiées, abondantes en sources, qui occupent
» l'Italie et la Grèce; dans ces charmants vallons,
» riches de tous les produits de la nature vivante,
» germent la philosophie et les arts : c'est là que
» l'espèce humaine a vu naître les génies dont elle
» s'honore le plus; tandis que les vastes plaines sa-
» blonneuses de la Tartarie et de l'Afrique retinrent
» toujours leurs habitants à l'état de pasteurs errants
» et farouches. Dans les pays où les lois, le langage
» sont les mêmes, un voyageur exercé devine par les
» habitudes du peuple, par les apparences de ses
» demeures, de ses vêtements, la constitution du sol
» de chaque canton. Nos départements granitiques
» produisent sur tous les usages de la vie humaine
» d'autres effets que les calcaires : on ne se logera,
» on ne se nourrira, le peuple, on peut le dire, ne
» pensera jamais dans le Limousin ou dans la Basse-
» Bretagne comme en Champagne ou en Norman-
» die. Il n'est pas jusqu'aux résultats de la cons-
» cription qui n'aient été différents, et différents
» d'une manière fixe sur les différents sols. »

Après ces lignes d'une si haute autorité, est-il permis d'ajouter que, dans notre département, les habitudes, les mœurs des habitants, sont presque aussi
nettement tranchées entre ceux qui peuplent les terrains jurassiques et ceux des bords marécageux de
la Seine, vers Romilly, qu'entre ceux qui résident
sur les volcans éteints de l'Auvergne et ceux des
vastes plaines de la Touraine. Il y eut entre ces deux
parties du département des différences de langage

qui se font encore sentir, mais qui, surtout depuis le commencement du siècle, tendent à disparaître. Les instruments aratoires de ces diverses contrées sont fort différents les uns des autres. Les cultures sont loin d'être les mêmes. Les régions jurassiques produisent d'excellents vins et la culture de la vigne y occupe la première place, tandis que sur les terrains limitrophes des grès verts et de la craie on ne rencontre plus de vignes. C'est sur les grès verts qu'il faut chercher les établissements industriels qui emploient l'argile comme matière première. Les constructions sont essentiellement différentes dans leurs formes, dans leurs dispositions extérieures comme dans leur distribution intérieure, leurs matériaux, leurs couvertures, etc. On peut facilement distinguer la forme des habitations du Barois et du Briennois de celles du Laçois et de celles de la contrée d'Othe ; les constructions de ces quatre pays, différentes entre elles, ne ressemblent point à celles de la Champagne primitive, c'est-à-dire de la région crayeuse.

Sur ce sujet, nous nous exprimions ainsi dans la Statistique agricole du département de l'Aube (1) : « La dissemblance existant entre les villages des terrains jurassiques et ceux des terrains crétacés est » fort remarquable. Sur les premiers, les villages » sont placés près des cours d'eau, les maisons y » sont agglomérées, contiguës, sans dépendances ru-» rales proprement dites, c'est-à-dire sans vastes bâ-» timents d'exploitation, sans jardin, enclos ou ver-

---

(1) *Encyclopédie pratique de l'Agriculteur*, publiée par MM. Firmin Didot, 1859.

depuis
araître.
ontrées
ultures
ssiques
vigne y
errains
e ren-
s qu'il
ui em-
cons-
s leurs
omme
riaux,
distin-
Brien-
ontrée
diffé-
s de la
région

ans la
e (1) :
es ter-
és est
illages
ons y
es ru-
es bâ-
u ver-

M. Fir-

» ger annexés à l'habitation. Les rues sont étroites
» et souvent tortueuses. D'une défense facile, ces
» villages sont encore de nos jours entourés de mu-
» railles, ou tout au moins de restes de fortifications
» ou d'anciens fossés.

» Sur les seconds, les habitations sont éparses,
» isolées, les bâtiments sont vastes, accompagnés
» d'une grande cour, d'un jardin, de vergers, de
» *cortins;* pour clore le tout, des haies hautes et
» et épaisses. Le village semble une forêt d'arbres
» fruitiers, sillonnée par une grande et large voie qui
» n'est qu'une rue sans fin, se confondant par fois
» avec les pâtures du village. Souvent on cherche
» en vain le noyau d'habitations qui constitue le chef-
» lieu de la commune.

» Le savant Monteil désigne ces deux genres de
» villages, le premier en le qualifiant de village de
» Bourgogne; le second, de village de Champagne.

» Sur le calcaire jurassique : maçonnerie en beaux
» moëllons, baies des ouvertures en pierres taillées,
» portes charretières, même celles de l'habitation,
» ouvertes en plein-cintre; couvertures en tuiles
» creuses, rarement en *lèves.* La coupe des bâtiments
» appartient à l'antique; toits presque plats, rappe-
» lant ceux d'Italie. Cour et dépendances closes.

» Dans la contrée limitrophe, dans les grès verts,
» le bois est employé plus communément que la
» pierre. Dans le Briennois, la coupe des bâtiments
» affecte encore de nos jours la forme dite à l'ita-
» lienne, en usage dans tout l'Est de la France, c'est-
» à-dire toits presque plats formés de tuiles creuses.
» En se rapprochant de la Champagne, et dans cette
» contrée, les toits deviennent plus aigus; les crou-

» pes s'abaissent, et, du côté opposé à l'entrée de
» l'habitation, la couverture tombe *en appentis* pres-
» que au niveau du sol ; misérables bâtiments de
» bois, de craie ou de pisé de la plus chétive appa-
» rence. Ces habitations sont des souvenirs des hut-
» tes gauloises, agrandies par les besoins de l'agri-
» culture. Ici, les dépendances de l'habitation sont
» rarement closes.

» Dans la contrée d'Othe, la craie, la brique, et le
» silex pour les soubassements, sont mis en œuvre
» dans des constructions dont les coupes n'appar-
» tiennent pas aux régions voisines.

» Dans la partie du département où abondent les
» grès, ces grès sont employés dans les constructions,
» et l'aspect qu'elles en reçoivent impressionne tris-
» tement l'âme du voyageur. »

Les habitudes, les mœurs, le caractère des habitants sont non moins tranchés entre les deux principales régions du département que la forme et l'aspect des constructions. Les statistiques judiciaires
l'établissent de la manière la plus précise.

Nul doute que les relations multipliées, les communications faciles n'effacent ces différences, autrefois plus marquées qu'aujourd'hui. Ces différences,
causées par la nature des éléments constitutifs du
sol, limitent fort exactement les *pagi* celtiques ou primitifs. C'est là et là seulement qu'il faut les chercher.
On peut donc en retrouver les traces au XIXᵉ siècle,
deux mille ans après la principale perturbation ap-
portée dans les divisions naturelles de la Gaule.

La conquête de Jules César entraîna un boulever-
sement considérable dans les relations des tribus
gauloises. L'influence de l'administration romaine

opéra une confusion dans les *pagi* celtiques. Car cette révolution a la plus grande analogie avec le travail qui, en 1790, tailla, sur le territoire français, les quatre-vingt-six départements de la France moderne.

Lors de la conquête, le territoire qui nous occupe appartenait à deux grandes divisions séparées par des forêts : l'une était habitée par les Lingons, l'autre par les Sénons ; il faut ajouter une très-faible partie occupée par les Rhèmes.

Le pays des Lingons renfermait, pour la partie comprise dans notre département, deux régions naturelles : le Barrois et le Vallage, celui-ci ayant l'apparence d'une subdivision du premier.

Celui des Sénons comprenait :

La contrée ou forêt d'Othe ;

Les plaines de Champagne, jusqu'au sommet du versant septentrionnal de la rivière d'Aube.

Cette dernière contrée renfermait :

La plaine alluviale de la Seine, ou le pays des Tricasses ;

Le pays des marais ou celui de Méry ;

Une partie de la Champagne ou pays d'Arcis ;

La plaine alluviale de Brienne ou Briennois.

En outre de ces deux grandes divisions territoriales, il faut ajouter une faible partie du Perthois qui aurait appartenu au territoire des Rhèmes, et, de plus, la grande contrée du Der (gault ou grès vert), alors entièrement couverte de forêts.

Au temps de César, le pays des Sénons est rangé dans la Gaule celtique, et limite au midi une partie de la Gaule belgique, le territoire des Rhèmes.

Hadrien de Valois, d'après Pline et Ptolémée, fait des Tricasses un peuple distinct de celui des Sénons, et **M.** de Walckenaër n'hésite pas à les placer parmi les populations qui reconnaissent Sens pour leur métropole, en disant que les Sénons sont voisins des Belges, auxquels ils touchent par les Tricasses et les Meldes; autrement, aucun point du territoire des Sénons n'aurait été limitrophe des frontières des Belges, et n'aurait répondu à la description de César. Selon le même savant, le pays des Sénons, au temps de la conquête, renfermait le territoire sur lesquels s'étendirent les diocèses de Sens, d'Auxerre, de Troyes et de Meaux. On a vu plus haut que nous avons encore donné d'autres motifs pour ne pas détacher les Tricasses des Sénons.

Quant au pays des Lingons, **M.** de Walckenaër le place dans la Gaule celtique, tandis qu'Hadrien de Valois et Damville ont des doutes sur ce point; doutes qui prennent leur origine dans Ptolémée et dans Pline. Mais les limites de ces grandes divisions avaient été modifiées sous l'influence des conquérants. Dans la Celtique, au temps de César, le pays des Lingons passe dans la Belgique, sous Auguste. La Gaule étant partagée en quatre grandes provinces ou *éparchies*, la Lyonnaise d'Auguste conserva dans ses limites la province de Sens.

Cette division de la Gaule aurait subsisté jusqu'au règne de Dioclétien, qui parvint à l'empire l'an 284. Sous cet empereur, la division de la Gaule aurait subi quelques changements. Sous Constantin le Grand, furent créés les diocèses administrés par des vicaires; un préfet en avait plusieurs sous ses ordres.

Vers **360**, les cités de Soissons, de Reims et de Châlons sont placées dans la seconde Belgique, tandis que celles de Langres, de Sens et de Troyes font partie de la première Lyonnaise.

De 360 à 369, Ammien Marcellin place la cité de Troyes dans la seconde Lyonnaise.

Mais ces divisions furent de courte durée, car dans la Notice des provinces et des cités de la Gaule, dressée à la fin du ive siècle ou dans la première ou deuxième année du ve, la cité ou le diocèse de Langres est compris dans la première Lyonnaise ; les cités ou diocèses de Sens et de Troyes, dans la quatrième Lyonnaise ou province Sénonaise, *provincia Senonia*, tandis que les cités de Reims et de Châlons sont mises au rang des diocèses qui constituent la seconde Belgique.

Ce serait de cette dernière révolution que dateraient les circonscriptions ecclésiastiques qui reçurent le nom de diocèse, nom en usage dans la haute administration romaine.

Dans le cours du ve siècle apparaissent de nouveaux noms appliqués par les Francs à certaines parties du territoire gaulois, tels que ceux d'Austrasie, de Neustrie, etc. Avant la fin de ce même siècle, la Gaule recevait le nom de France.

Mais jetons un regard rétrospectif sur la cité des Tricasses. Cette cité est nommée pour la première fois par Pline au premier siècle de l'ère chrétienne. Et si, antérieurement à cette date, la plaine où est assise la ville de Troyes était habitée, et on doit le croire, la population n'était point encore assez nombreuse pour constituer une tribu séparée de celle des Sénons.

Pendant les trois premiers siècles du christianisme cette cité se développa. Sa population s'augmenta

dans une proportion qui fit mettre la cité des Tricasses au rang des cités de la Gaule, parmi lesquelles
elle est nommée, en l'an 369, à un rang antérieur à
celui de Paris. Son importance est assez grande pour
devenir le siège d'un évêché. A la fin du iv⁰ siècle,
Troyes comptait déjà six évêques.

Cette cité et ses dépendances ont été renfermées à
l'origine dans des limites fort étroites. Le diocèse de
Troyes, dont le territoire fut toujours beaucoup
moins étendu que ceux des évêchés de Sens et de
Langres, fut composé de parties détachées du territoire de ces deux métropoles. Si, comme nous allons
l'établir, les subdivisions du diocèse de Troyes forment des contrées naturelles à peu près exactes, il
n'en est pas de même de son ensemble. Et cette disposition démontre avec évidence que la réunion de
ces circonscriptions est due, non pas à la nature,
mais à une volonté politique ou administrative.

Sous l'influence omnipotente de l'administration
romaine, et lorsque des modifications furent appor-
tées dans les divisions territoriales au iv⁰ siècle, on
adjoignit, pour former le diocèse de Troyes, au *pagus tricassinus*, partie du *pagus* ou *pagellus senonicus*,
la contrée d'Othe (1), partie du *pagus Lingonensis*
(l'archidiaconé de Brienne), qui paraît avoir dépendu
de cette contrée au temps de la domination romaine,
et partie du *pagus meldicus* (l'archidiaconé de Sézanne).

------

(1) Un fait à signaler, c'est que Montgueux, village de cette
contrée et du doyenné de Villemaur, situé à 10 kilomètres de
Troyes, ne fut compris dans la banlieue de cette ville qu'au xvi⁰
siècle, quoique cette banlieue fût considérée comme ayant quatre
lieues anciennes de rayon.

Ce diocèse reconnut toujours Sens pour sa métropole, quoique Troyes dépassât bientôt cette ville en importance commerciale, politique et administrative.

L'ancien diocèse de Troyes se subdivisa ainsi qu'il suit :

1° Le *pagus Tricassinus*, renfermant la plaine alluviale de Troyes et les versants de la Seine depuis Fouchères jusqu'à Méry, forma l'archiprêtré et le doyenné de Troyes ;

2° La plaine occidentale de la Champagne, arrosée par l'Orvin et l'Ardusson et composée de craie, constitua le doyenné de Marigny ;

3° Le *pagus Mauripensis*, marais de la Seine depuis Nogent jusqu'à Méry, avec adjonction de quelques paroisses du Montois, terrains tertiaires du versant de la Seine, composa le doyenné de Pont ;

4° Une partie du *pagus Meldicus*, formée de terrains tertiaires, constitua l'archidiaconé de Sézanne, complètement en dehors du département de l'Aube ;

5° Une partie du *pagus Perthensis* et les villages situés en Champagne sur le Ravet, le Puis et le Meldançon, furent compris dans les limites de l'archidiaconé de Margerie ;

6° Le *pagus Breonensis*, renfermant la plaine alluviale de l'Aube et le cours de l'Auzon, celui de la Voire jusqu'à l'embouchure de la Laine, et celui de ce ruisseau jusqu'à son origine, forma l'archidiaconé de Brienne ;

7° Le *pagus Arciacensis*, comprenant les deux versants de l'Aube depuis Ramerupt jusqu'à Etrelles, constitua l'archidiaconé d'Arcis.

Pour compléter l'étendue du département, il faut ajouter :

1° Une partie du Barrois et du Vallage, versants de l'Aube depuis l'embouchure de l'Aujon jusqu'à Bossancourt ; avant 1790, de l'archidiaconé du Barrois, chef-lieu Bar-sur-Aube, évêché de Langres ;

2° Une partie du *pagus Barensis* et du *pagus Latiscensis*, versants jurassiques de la Seine, de Mussy à Courtenot, compris dans l'archidiaconé du Lassois, chef-lieu Lanz, Lansuine, puis Bar-sur-Seine, ensuite Châtillon, évêché de Langres ;

3° Une partie du *pagus Tornodorensis*, terrain jurassique, cours de l'Armance de Courtaoult à Chaource, puis vers la Laigne jusqu'au-dessus des Riceys ; avant 1790, de l'archidiaconé de Tonnerre, doyenné de Saint-Vinemer, évêché de Langres ;

4° Une partie du *pagus Senonicus*, forêt d'Othe et terrains tertiaires compris dans l'archidiaconé de Sens et les doyennés de Saint-Florentin et de Traînel.

Ces trois divisions du sol du département de l'Aube, 1° en régions géologiques ou naturelles, 2° en pagi, 3° en diocèses et subdivisions de diocèses, nous conduisent au ve siècle, aux temps mérovingiens, époque où la perturbation la plus complète règne dans les divisions et les dénominations territoriales. L'ignorance la plus profonde est la loi à laquelle tout paraît obéir. Les délimitations sont indécises, les documents sont contradictoires. On passe du pays au comté pour revenir au pays. Pendant cette période de plus de cinq siècles, il arrive que le même lieu est indiqué comme faisant partie de deux *pagi* ou de deux comtés.

Nous dirons encore que le département de l'Aube renferme quelques lieux indiqués ainsi : Perthes-en-Rothières, Villy-en-Trodes, Saint-Georges-en-Gaonnay, Montier-en-Ile, Boc-en-Fiel. Les noms de *Rothières*, de *Trodes*, etc., s'appliquent à des contrées qui ne peuvent composer ni le *pagus*, ni même l'*ager* antiques. On doit croire que ces noms, au moins d'apparence celtique, ont été choisis en raison de circonstances locales, comme nous l'avons dit plus haut aux mots : Rothières, Trodes (1).

§ II. — *Des Pagi mérovingiens et carlovingiens.*

Dans ce chapitre, nous réunirons les différents *pagi* dont les territoires, en tout ou en partie, sont renfermés dans les limites du département de l'Aube, en maintenant les grandes divisions de : *Pagus Lingonensis*, *Pagus Senonensis*, et *Pagus Remensis*.

1^{ment}. DU PAYS DE LANGRES OU DES LINGONS.

(*Pagus Lingonensis* ou *Lingonicus*, *Lingonæ*, *Lingonica civitas*, *Lingonicum territorium*.)

Le *pagus Lingonensis* était limité à l'ouest, seule limite qu'il importe de préciser ici, par une ligne qui, partant de Thors, passe à Bossancourt, à Vendeuvre, à Villy-en-Trodes, à Virey-sous-Bar, à Chaource, à Avreuil, à Davrey et à Chessy. Cette ligne est celle du *pagus* primitif. Elle limite au couchant les ter-

---

(1) Voir chapitre 4, § III : Des noms de lieux.

rains jurassiques, au levant les terrains crétacés.
Elle sépare le Vallage de la contrée de Der (1).

Mais en dehors de cette limite, se trouve le *pagus Breonensis*, le pays de Brienne, qu'il faut comprendre dans cette région. La similitude constante et parfaitement constatée dans la forme et la disposition des habitations du Briennois avec celles du pays de Langres, le rattache à cette dernière contrée avec laquelle il a, même aux temps féodaux, conservé des relations qui sont établies par la différence des coutumes : celle de Chaumont étant appliquée dans tout le Briennois, y compris Piney et le cours de l'Auzon.

Le *pagus Lingonensis* comprenait :

1° Le Barrois,
2° Le Lassois,
3° Le Tonnerrois,
Et 4° le Briennois.

1°. Le Barrois.

(Pagus Barrensis, ou Barrisus.)

Le Barrois comprenait une étendue considérable du pays de Langres. Il renfermait une partie des trois étages supérieurs de la formation jurassique, limités naturellement, à l'est, par le cours de la Meuse, depuis sa source jusqu'à la contrée de l'Argonne qui le bornait vers le nord, au midi par la

---

(1) Deux seules paroisses, situées au midi de la forêt de Chaource, ont fait partie du diocèse de Troyes : les *Loges-Margueron* et la *Loge-Ront-Belin*. Ces noms disent suffisamment que ces villages n'existaient pas avant le XI° siècle.

rétacés.
1).

le *pagus*
prendre
t parfai-
tion des
pays de
rée avec
onservé
ence des
uée dans
cours de

Haute-Seine, depuis sa source jusque vers Courtenot, au-dessous de Bar-sur-Seine, et à l'ouest par
les terrains crétacés : cette limite représentée dans
notre département par la limite occidentale du *pagus
Lingonensis*, et du terrain jurassique de la contrée,
ou forêt de Der.

Cette grande région était subdivisée en plusieurs
contrées naturelles, telles que celles du Blaisois, du
Bassigny, de l'Ornois, de l'Azois, etc. Malgré ces subdivisions, nous sommes d'avis qu'il n'y eut qu'un seul
Barrois, contrée montagneuse qui commence au
midi, vers les sources de la Seine et de la Meuse, et
se poursuit jusqu'aux plaines de l'Argonne. Ainsi :
Arc-en-Barrois, situé au midi de cette région, Ligny-
en-Barrois, Condé-en-Barrois, Génicourt-en-Barrois,
Buley-en-Barrois, etc., situés vers le nord, et de
plus, les trois villes de Bar font, selon nous, partie
du Barrois primitif.

Nous avons contre cette opinion celles de plusieurs savants, parmi lesquels il en est d'une grande
autorité. Cependant nous croyons être dans la
vérité.

Le très-regrettable M. Guérard compte en France
trois Barrois (1), dont les trois villes de Bar seraient
les chefs-lieux. M. d'Arbois de Jubainville en compte
deux ; il retranche Bar-sur-Seine pour le mettre dans
le Lassois, et maintient le Barrois de Bar-le-Duc et
celui de Bar-sur-Aube (2).

Notre opinion est fixée, non-seulement par la na-

idérable
rtie des
assique,
s de la
de l'Ar-
li par la

———

Chaource,
eron et la
es villages

---

(1) *Annuaire de la Société de l'Histoire de France*, année 1837.

(2) Note sur les deux Barrois, sur le pays de Laçois et sur
l'ancien Bassigny. Blq. de l'Ecole des Chartes. 4ᵉ série, t. IV.

ture du sol, mais encore d'après les noms donnés à
des lieux situés dans une contrée de même formation géologique, et nous avons pour nous deux
documents importants : le capitulaire de Charles-le-
Chauve, daté de 853, et le partage du royaume de
Lothaire, en 870, qui, en écrivant au singulier *Barrisus,
Barrense* (1), constatent avec précision l'existence d'un
seul Barrois. En 837, dans la part du royaume qui
est attribuée à Charles-le-Chauve, on trouve deux
Barrois, *utrosque Barrenses*. Mais il faut dire aussi
qu'on y rencontre les noms du Blaisois (2) et de
l'Ornois (3), qui ne sont que des contrées, formant
avec d'autres la grande région du Barrois : contrées
qui ne sont pas désignées dans les actes de 853 et
de 870. En décrivant ainsi la part de Charles-le-
Chauve, il fallait énoncer les deux Barrois, celui de Bar-
le-Duc et celui de Bar-sur-Aube (celui-ci pouvant
comprendre celui de Bar-sur-Seine) ; car ces deux
parties du grand Barrois sont séparées l'une de
l'autre par la rivière de Blaise qui donne son nom au
Blaisois.

Beaucoup plus tard on trouve trois Barrois, ou
mieux trois comtés de Bar, dont les trois villes de
ce nom sont les chefs-lieux. Ainsi, dans une charte
de 946, on mentionne un lieu nommé *Mansangias*,
situé dans le comté de Bar (le-Duc ou sur-Ornain).
Marlecum, en 952, fait aussi partie du même *Comitatus Barrensis*. Bar-sur-Aube et Bar-sur-Seine eurent
aussi leurs comtes particuliers dans le xe siècle, et le

---

(1) *Hist. gaul. et françois*, t. VI, p. 70, A ; t. VII, p. 111, A.
(2) Vallée de la Blaise.
(3) Vallée de l'Ornain.

nom de Barrois a pu être donné plus particulièrement au territoire qui entourait ces villes.

Les divisions ecclésiastiques agirent aussi, en les
modifiant, sur ces divisions territoriales. Ainsi Bar-
sur-Aube prit le titre d'archidiaconé du Barrois (dépendance de l'évêché de Langres), lequel renferma
les deux doyennés de Bar-sur-Aube et de Bar-sur-
Seine; à une autre époque séparés l'un de l'autre.
Bar-sur-Aube resta alors chef-lieu de l'archidiaconé
du Barrois et Bar-sur-Seine fut compris dans l'archidiaconé du Lassois, puis après la destruction de Latss,
Lans ou Lansuines, il devint le chef-lieu de cette circonscription, reporté ensuite à Châtillon-sur-Seine.

2°. Le Lassois ou Laçois.

(*Pagus Latiscensis, Laticensis, Latsensis, Ladsensis, Lastcensis.*)

Le nom de ce *pagus* proviendrait de celui de *Latss,
Lans, Lansuine*, nom aujourd'hui donné à une contrée du territoire de Vertaut (Côte-d'Or), *Lasco* ou
Latisco; Landunum en latin; Lan-sur-Laigne en français, selon Vignier. Tous ces noms furent donnés à
un *castellum* détruit du ve au xiie siècle, dont l'église
existait encore à cette dernière date. Ce lieu, situé
en dehors du département de l'Aube, fut même le
chef-lieu de l'archidiaconé du Lassois. Aujourd'hui
la charrue retourne le sol qui couvre ses ruines.

Ce nom n'aurait pas pris son origine d'une région
naturelle, mais bien de celui d'une ville, appliqué à
un territoire d'une étendue restreinte. Aussi ne dé-
signe-t-il d'abord qu'une contrée rapprochée de
Latss ou Lansuine; aux viiie et ixe siècles, il s'étend
vers Bar-sur-Seine et même au-delà, tant au nord

qu'au midi. Il envahit une partie du Barrois primitif
par l'archidiaconé qui porte son nom. Puis il sert,
vers cette époque, à désigner un comté. C'est dans
cette dernière période et après la destruction de Lansuine que le chef-lieu ecclésiastique fut transporté à
Bar-sur-Seine, d'où il fut transféré à Châtillon-sur-
Seine.

Les limites des circonscriptions ecclésiastiques ne
sont point fixées sur celles des *pagi* primitifs ou celtiques. Ainsi Vendeuvre, Longpré, Vauchonvil-
liers, etc., situés dans le Vallage; Vitry-le-Croisé,
Buxières, etc., compris dans le Barrois, furent renfermés dans l'archidiaconé du Lassois, mais ne firent
jamais partie du *pagus Latiscensis*. Selon un auteur
bourguignon, le *pagus Latiscensis* comprenait tout
l'archidiaconé de Bar-sur-Seine et une partie de celui de Tonnerre.

Au ɪxᵉ siècle, le mot *comitatus* remplaça, au moins
quelquefois, celui de *pagus*. En 881, une charte
place *in comitatu laticensi*, une localité appelée *Villa*,
peut-être Ville-sur-Arce (1). En 1068, le Lassois est
encore qualifié comté. Un fait semblable se passe
pour le *pagus Mauripensis*. Et pourtant l'histoire et
les chroniques ne nous ont conservé le nom d'aucun
individu revêtu du titre de comte de ces deux pays,
soit à titre temporaire, soit à titre héréditaire.

On cite comme étant du Lassois et dépendant du
département de l'Aube : Bagneux-la-Fosse, *Bai-*
gnole (711), *Bagniolos* (723), *Baniolum, Balneolum*;
Ricey-le-Val ou Ricey-Bas (721), *Riciacum*; Ricey-

---

(1) Peut-être Villotte-sur-Ource, selon M. Garnier, d'après Pé-
rard.

primitif
s il sert,
est dans
i de Lan-
sporté à
lon-sur-

iques ne
ou cel-
chonvil-
-Croisé,
ent ren-
ne firent
i auteur
ait tout
e de ce-

u moins
charte
e *Villa*,
ssois est
se passe
stoire et
d'aucun
ix pays,
e.
dant du
e, *Bai-
neolum* ;
Ricey-

après Pé-

haute-Rive, *Alta ripa* (721); Villemorien, *Villa mau-rianæ* (721, 753), *Villa mauriani* (723); Auze ou la Chapelle-d'Auze, *Ausa* (754, 872); Lantages, *Nanta-via* ; Vougrey, *Vocratus* (753); Bourguignons, *Bul-gundio* (854, 872); Ville (-sur-Arce), *Villa* (881); Gyé, *Gayacum* ; Bar-sur-Seine, *Barrum ad sequanam* (1068). Il est certain que ces lieux firent partie de l'archidiaconé du Lassois, mais on est autorisé à croire que la plupart d'entre eux ne furent pas compris dans le *pagus Laticensis* primitif.

3°. Le Tonnerrois.

(Pagus Ternodorensis, Tornodorensis, Tornodurensis, Tornedrisus pagus, Tornedrensis.)

Les documents sont fort rares sur ce *pagus* (1).

Le Tonnerrois doit plutôt son nom à la ville de Tonnerre que la ville ne le doit au territoire qui l'entoure. Le radical *Tor* ou *Thor*, montagne, s'appliquant parfaitement à la situation primitive de la ville de Tonnerre.

Les limites du Tonnerrois, renfermées dans le département, viennent s'appuyer sur la rive gauche de l'Armance, comprennent tous les villages situés sur les affluents de cette rivière, et de plus, s'étendant aux sources de la Sarce, comprennent les villages de Beauvoir, de Bragelogne et de Channe. Ricey-Haut, ou Saint-Vincent, est indiqué, vers 830, comme faisant partie du Tonnerrois. Etourvy, *Stolvicus* (878), *Stol-viacus* (938), Polisy ou Polisot, *Polosiacus* (859), sont

____

(1) Voir l'étude sur le Tonnerrois de M. Lemaître, de Tonnerre. *Annuaire de l'Yonne*, 1845.

placés par M. Garnier, selon le cartulaire de Saint-André, dans le Tonnerrois, et dans l'archidiaconé du Lassois (1).

4°. Le Briennois.

(Pagus Breonensis, Brionensis, Breonicus, Brionisus, Breniensis.)

Le Briennois comprenait, à son origine, la plaine de Brienne formée par les anciennes alluvions de l'Aube. Il s'étendit ensuite sur le cours de l'Auzon et sur celui de la Laine par suite des défrichements qui s'opérèrent dans ces contrées : ce tout forma l'archidiaconé de Brienne.

Ce *pagus*, comme nous l'avons dit plus haut en commençant ce paragraphe, nous paraît, en raison du mode de constructions employé dans cette contrée, se rattacher au grand *pagus Lingonensis*, à l'époque gallo-romaine. Il en aurait ensuite été détaché pour former une partie du diocèse de Troyes.

Dans ce *pagus*, ou mieux archidiaconé, on signale comme existant avant l'an 1000, et comme y étant placé : la *Villa gengiacum* (753), aujourd'hui inconnue, mais qui sans doute devint le fief de Gigny, situé sur le territoire de La Rothière et aujourd'hui disparu ; *Dodiniaca cortis*, aujourd'hui Saint-Christophe (832); Coclois, sous le nom de *Cortis claudia*, avant 854 ; Vernonvilliers, sous celui de *Gerulvillare* (856); Eclance, *Sanctus-Bricius* (856); Piney, *Villa Pisnacum* (862, 885, 892, 980); Braux, *Brah* (969, 972); Jessaint, *Jasant* (980); et la *Villa Floriniacus* (860), dont la situation est aujourd'hui inconnue.

---

(1) *Mém. de l'Académie des inscript. et belles-lettres*, 2ᵉ série, t. II, page 78.

e Saint-
diaconé

ensis.)

a plaine
vions de
l'Auzon
nements
it forma

haut en
n raison
tte con-
is, à l'é-
détaché
s.

a signale
y étant
ii incon-
e Gigny,
ourd'hui
it-Chris-
claudia,
rulvillare
y, *Villa*
ah (969,
oriniacus
onnue.

s, 2e série,

2ment. LE PAYS DE SENS OU DES SÉNONS.

(*Pagus Senonensis* ou *pagus Senonicus*.)

Ce grand *pagus*, comme nous l'avons dit plus haut, se subdivise naturellement en plusieurs contrées, savoir :

La contrée ou forêt d'Othe ;

Le pays des Tricasses ou de Troyes ;

Celui de Méry ou des Marais ;

Celui d'Arcis.

Après ces subdivisions, on conserva encore le nom de *Pagus Senonensis* ou *Senonicus* au territoire voisin de la ville de Sens. La contrée d'Othe en faisait partie. Plus tard, vers le ixe siècle, ce *pagellus* s'étendait au midi, des bords de l'Armance, à partir des environs d'Auxon jusqu'à Saint-Florentin ; au nord, ses limites touchaient au *pagus Mauripensis*. Le *castrum Triangulum* (Traînel) en faisait partie. En 886, Sivrey, hameau d'Auxon, *Sivriacum*, y est compris. Sivrey et Traînel, renfermés aujourd'hui dans le département de l'Aube, ne firent jamais partie du diocèse de Troyes. Aussi croyons-nous que Trancault, *Tranquilus vicus*, que Raoul Glaber place *in agro tricassino*, appartient plutôt au *pagellus Senonicus* qu'au *pagus Tricassinus*, quoique compris dans le diocèse de Troyes.

1°. La contrée ou forêt d'Othe.

(*Utta Sylva*.)

Cette contrée est un démembrement non pas seulement du *pagus Senonensis*, mais bien du *pagellus*

Senonicus. Elle est limitée, dans le département, au Nord, à l'Est et au Midi, pour une partie, par le *pagus Trecensis*, et, pour le surplus, à ce dernier aspect, par une partie du *pagus Senonicus*, qui fut comprise jusqu'en 1790 dans le diocèse de Sens.

Cette contrée, d'une formation géologique bien caractérisée, composa le doyenné de Villemaur, à l'exclusion de toute paroisse qui n'y était pas comprise.

2°. Le pays des Marais ou le pays de Méry.

(*Pagus Mauripensis, Maurivensis, Morivensis, Morvensis, Morvisus. Campi Mauriaci, vel Mauriacenses, Mauriacensis campania.*)

Sous ce double titre nous réunissons deux contrées voisines, mais fort différentes l'une de l'autre, quoiqu'elles prennent leur nom du même radical. Le *pagus Mauripensis* reçut son nom des marais qui forment tout son territoire. Les *campi Mauriaci, vel Mauriacenses,* les champs de Méry, prirent leur nom du voisinage de la ville de Méry, *Mauriacum*, bâtie au milieu des terrains marécageux qui bordent la Seine.

Occupons-nous d'abord du *pagus Mauripensis.*

Ce *pagus* fut l'objet de discussion entre nos anciens géographes. Les uns l'ont confondu avec le Hurepoix, les autres avec le Morvan.

Ce pays s'étendait sur les deux rives de la Seine depuis Méry jusqu'au-dessous de Nogent, en comprenant une faible partie du département de la Marne. Méry doit être considéré comme le chef-lieu de cette contrée marécageuse. Il y a certainement erreur en faisant du *pagus Huripensis* le *pagus Mauripensis* et *vice versâ ;* le Hurepoix (1), étant la contrée si accidentée, si *hérissée* des environs de Fontainebleau, et le *pagus Mauripensis,* la contrée que nous venons de limiter.

Au ix⁰ siècle, un diplôme de Charles le Chauve fait de cette contrée un comté..... *Villam Madriniacum in Morivensi comitatu sitam.* Il s'agit de l'ancienne petite ville de Marnay.

Dans un capitulaire du même roi, daté de 853, ce *pagus* est compris avec ceux de Sens, de Troyes, du Gatinais, de Melun, de Provins, etc., dans l'étendue du territoire ou missatique que les *Missi dominici,* Wenilon, évêque de Sens, Eudes et Donet, ont l'ordre de visiter. Tous ces *pagi* forment une région considérable et non morcelée, ce qui n'existerait pas si *Morvisus* était traduit par *Morvan* (2). Une autre raison non moins décisive, c'est que le Morvan est désigné sous le nom d'une contrée plus étendue comprise dans le xii⁰ missatique.

En outre de Marnay, Nogent-sur-Seine est placé dans ce *pagus* en 859 et en 862, ainsi qu'un lieu nommé, en 859, Buxoi, *Locum Buxidum.* Vers la même époque, un autre document original y place la *villa Rosontum,* Resson ; et une charte de Lothaire (de 840 à 855) indique l'abbaye de Nesles (Seine-et-Marne), située dans le vallon de Villenauxe, comme étant *in pago Mauripense.*

---

(1) Hurepaiz, Hurepoix, Hurepois ; Hérissé. (Voir *Hist. gaul. et fr.,* t. VII, p. 60, note b.)

(2) Ce pays touche à celui de Sens : Lotharius transpositione fluvii prohibitus, superiores ipsius expetens partes, per Mauripensem pagum Senones penetrat. (Même ouvrage, *loc. cit.*)

La plus grande partie de ce *pagus* a formé le doyenné de Pont qui, en outre, renferma un certain nombre de paroisses du Montois.

Quant aux *campi Mauriaci, vel Mauriacenses, Mauriacensis campania* d'Hadrien de Valois, ces champs s'étendent à droite et à gauche de la Seine, à la hauteur de Méry-sur-Seine, *Mauriacum*. La vaste plaine, dont ils ne forment qu'une faible partie, commence où cessent de paraître les terrains tertiaires, et, après avoir été coupée par la Seine et par l'Aube, elle se poursuit au-delà de Châlons jusque vers les forêts de l'Argonne.

Ces champs, devenus historiques par la défaite d'Attila, ont donné naissance à de longues discussions où chacun cherchait la vérité, souvent en dehors des textes, sans se préoccuper des expressions consacrées par les auteurs et sans connaître les lieux. Il n'est pas nécessaire d'avoir recours aux preuves qui peuvent ressortir de l'étude de l'art militaire, en présence du texte formel des historiens, ni de mettre les armées en bataille pour faire la reconnaissance des lieux où Attila fut vaincu et où Théodoric perdit la vie.

Les champs de Méry, soit sur la gauche, soit sur la droite de la Seine, sont suffisamment vastes pour y faire manœuvrer les armées les plus nombreuses. On y rencontre des monticules et des ruisseaux qui donnent satisfaction à la description géographique.

Les écrivains dont le témoignage est invoqué sont : Jornandès, évêque de Ravenne et notaire du roi des Goths, Grégoire de Tours et Frédégaire.

L'évêque de Ravenne s'exprime ainsi : *Convenitur itaque in campos catalaunicos, qui et* MAURICII *nomi-*

nantur, C. leugas, ut galli vocant, in longum tenentes, et LXX in latum. Leuga autem Gallica mille et quingentorum passuum quantitate metitur (1). « Les armées s'assem-
» blèrent dans les champs catalauniens et dans la partie
» que l'on nomme la plaine de Méry, lesquels ont cent
» lieues gauloises de longueur et soixante-dix de lar-
» geur, et la lieue gauloise a 1,500 pas de long. »

Cette phrase n'est pas discutable pour ceux qui ont la connaissance des lieux. La plaine de Champagne commence vers Traînel et se poursuit au-delà de Châlons. D'Orléans on y arrive par une voie romaine dont l'existence ne fait l'objet d'aucun doute, puisque des fragments existent encore aujourd'hui, dans la plaine même qui aurait été le théâtre où se serait joué ce grand drame historique.

Grégoire de Tours rappelle aussi ce mémorable fait. Cet historien désigne les champs de Méry, *Mauriacum campum*, comme le lieu de cette sanglante bataille (2). L'historien ne parle plus des champs catalauniens, mais il précise, il localise, si je puis dire, le lieu où se rencontrèrent les nombreuses armées d'Aetius et d'Attila.

Frédégaire vient joindre son témoignage à ceux des deux évêques historiens, et il ajoute que les Huns, revenant vers Troyes, s'arrêtèrent dans la

---

(1) Jornandes Episcopus Ravennas de Getarum sive Gothorum origine et rebus gestis. 1597. Ex officinâ Plantinianâ. D'autres éditions portent : *Mauriaci*. Voir la traduction dans la collection des Mémoires relatifs à l'histoire de France, publiée par M. Guizot, t. Ier, p. 57. On y lit : *Mauriacum*.

(2) ... Attilanem fugant qui MAURIACUM campum adiens, se præcingit ad bellum. Quod si audientes, se contra eum viriliter præparant. (*Hist. gaul. et fr.*, t. II, p. 162 A.)

campagne de Méry, et que Thorismond..... y combattit Attila et les Huns (1).

En présence d'expressions aussi claires, aussi nettes, comment le doute a-t-il pu trouver place? Comment se fait-il que le lieu de cette bataille historique ait pu être fixé ailleurs que dans la plaine de Châlons, et dans la partie que l'on désigne sous le nom de champs de Méry et près du pays des Tricasses? Car il faut se souvenir que Saint-Loup, évêque de Troyes, se porta à la rencontre du chef des Huns, et que ce saint personnage, ainsi que saint Mesmin, qui, par son martyre, donna son nom au village de *Brolium*, figurent dans les évènements qui se passèrent près de Méry, et dont Attila était l'un des héros les plus redoutés?

On ne peut mettre en doute que les mots *Mauricii* ou *Mauriaci* employés par Jornandès, *Mauriacum campum*, dont se sert Grégoire de Tours, et *Mauriacensem* et *Mauriaco*, de Frédégaire, s'appliquent à un autre lieu qu'aux champs, qu'à la plaine de Méry.

Le nom de *Mauriacum* a toujours été donné par les anciens géographes à la ville de Méry. En 1128 Méry est traduit par *Mariacum;* en 1194, par *Mairiacum*, et au xiiie siècle, par *Meriacum*.

Nous bornerons ici nos citations. Notre ignorance en stratégie ne nous permet pas d'aborder ce côté de la discussion; nous ajouterons seulement que la

---

(1) Chuni repedantes Tricassis in MAURIACENSEM consedentes campaniam. Thoresmodus filius Theudori, qui ei successit in regnum, collectum Gotthorum exercitu, patrem ulcisci desiderans, cum Attilanem et Chunis MAURIACO confligit certamine. (*Hist. gaul. et fr.*, t. II, p. 462, D.)

vaste étendue de la plaine et les accidents du sol répondent à la description géographique (1).

Est-il même nécessaire de rappeler la découverte faite, en 1842, dans la vallée de l'Aube, à Pouan, d'armes richement ornées que l'on veut attribuer à Théodoric et dont les détails comme l'ensemble rappellent celles de Childéric, contemporain du roi des Visigoths? Il est certain que ces armes, ainsi qu'un vase en bronze doré, d'une forme élégante, trouvé plus tard au même endroit, n'ont pu appartenir qu'à un principal chef, qu'à un homme que l'on peut considérer comme étant l'égal ou presque l'égal de Childéric.

Est-il aussi besoin de signaler, à Etrelles, à 4 kilomètres de Méry, sur la ligne de partage de la vallée de la Seine de celle de l'Aube, et dominant une vaste étendue, l'existence d'un camp fait sans doute avec précipitation, dessiné encore aujourd'hui par un tertre très-saillant et mesurant 600 mètres de longueur sur 200 de largeur, et auquel on arrive par plusieurs voies qui ont un caractère certain d'antiquité, et notamment par la voie romaine venant de Sens et traversant la rivière d'Aube à Etrelles et la Seine à Saint-Oulph?

Nous croyons ces témoignages surabondants. Et certes, si de nouvelles preuves, pour appuyer les textes historiques que nous avons invoqués, étaient

____

(1) Certains auteurs du département de la Marne fixent le lieu de la bataille à la Cheppe, près Châlons. Nous ne discuterons pas cette prétention. Une discussion s'est récemment engagée entre M. Savy, de Châlons, et M. Loriquet, de Reims, sur ce sujet. Ces deux savants sont loin d'être d'accord sur le lieu de la bataille.

nécessaires, ces deux circonstances, auxquelles on peut ajouter la découverte, dans l'enceinte du camp, des débris d'un cadavre trouvés dans un cercueil avec des bijoux en or et des armes, viendraient soutenir les témoignages de Jornandès, de Grégoire de Tours et de Frédégaire, ainsi que l'opinion des géographes, qui n'hésitent pas à reconnaître les champs de Méry dans *Mauriacum campum, campaniam Mauriacensem.*

3°. Le pays des Tricasses.

(Pagus Trecensis, Tricassinus, Trecassinum, Trecasinum. Territorium Trecassinum.)

Ce *pagus,* mentionné par Ptolémée pour la première fois, s'est formé d'une partie du grand *pagus Senonensis,* et porte un nom de confédération.

La cité des Tricasses et ses dépendances ne comprenaient que les bords de la Seine et la plaine formée par la forêt du Der, par celle d'Isle et par la contrée d'Othe. Quelques rares villages, s'élevant dans la plaine de Champagne, furent renfermés dans ce *pagus* dont les limites ne paraissent pas avoir dépassé le versant septentrional de la Seine.

Par suite des défrichements qui s'opérèrent du ve au xiie siècle, ce pays s'étendit jusqu'aux limites extrêmes de la forêt du Der, dans la direction de Vendeuvre et de Chaource, et sans franchir ces limites.

C'est par suite de l'importance de la ville de Troyes, beaucoup plus grande qu'aucun autre lieu habité dans les environs, que Raoul Glaber met le *Tranquilus vicus,* Trancault, *in agro Tricassino,* tandis qu'il appartient non pas seulement au *pagus,* mais au *pagellus Senonicus.* Il en est de même pour *Lane-*

retus, Laneret ; *Carmedum*, Charmoy (884, 886); pour Arcis, que l'itinéraire d'OEthicus met dans le pays de Troyes, en écrivant : *Arciaca opidulum est ad albam in agro Tricassino ;* pour Nogent-sur-Seine, qu'Hadrien de Valois, place : *in Tricassibus,* mais dont la position est bien *in pago Mauripensi*, et pour la paroisse de Quincey, *in parochia Quinceii*, placée *in pago Trecensi*, en 1131 et 1136. Ici, pays est certainement pris pour diocèse.

L'incertitude dans les limites des *pagi* est telle, du ve au xie siècle, que les martyrologes de saint Pierre et de saint Loup, documents originaires de la ville de Troyes, plaçaient *in pago Tricassino* le village de Saint-Oulph, tandis que celui de la collégiale de Saint-Etienne l'indiquait comme dépendance du territoire d'Arcis, *in territorio Arciacensi*, auquel il appartiendrait si l'on ne devait plutôt le mettre au rang des lieux habités du *pagus Mauripensis*, place que lui donne sa position topographique. Sous Charles-le-Chauve, Piney, *villa Pisnacum, Pisniacum,* est compris dans le comté de Troyes, et en 885 et en 892, il est mis au nombre des lieux qui font partie du *pagus Breonensis*, où il y a lieu de le laisser.

On nomme, comme renfermés dans le *pagus Tricassinus, Villariacum*, Villery ; *Villa Veriacus*, Virey-sous-Bar (vi^e s^e); *Insula Germanica*, Ile-Germaine, Montier-la-Celle (657); *Bonavallis*, Bonneval et non Saint-Jean-de-Bonneval (753); *Curtis cella*, Courcelles ; *Wlfo*, Vulfont; *Masus Comeranus super Madonia :* ces deux localités détruites ou inconnues; *Prunidum*, Prunay; *Bulliacum*, Bouilly; *Dultis*, Daudes; *Novitias*, lieu inconnu ; *Mons abolinus*, Montaulin ; *Cappas*, Chappes (753); *Mansus corbonis, Monasterium*

Sancti Petri, *Nova cella in Dervo*, Montiéramey, (ix° siècle); *Tanoclaria*, Thennelières (869); *Albiniacum*, Herbigny; *Cresciacum*, lieu inconnu, si ce n'est *Creniacum*, Creney; *Argentilla*, Argentolles; *Bracbantum*, Breban; *Cronscellum*, Croncels; *Brinnia*, lieu inconnu; *Ruviniacum*, Ruvigny; *Sandri*, Serres; *Insula*, Ile (Aumont); (charte de Charles-le-Chauve, sans date, mais antérieure à 854).

Laneretus, *Laveretus*, Lagnerey; *Carmedum*, Charmoy; *Cidirniacus*, *Oratorium*, ces deux localités aujourd'hui inconnues (884, 886); *Tranquillus vicus*, Trancault (ix° siècle); *Arciaca*, Arcis; *Sanctus Ulphus*, Saint-Oulph; *Villa Pisnacum* ou *Pisniacum*, Piney, charte de Charles-le-Chauve; ces localités, placées dans le pays de Troyes, n'appartenaient certainement pas au pays primitif des Tricasses.

4°. Le pays d'Arcis.

(Pagus Arciacensis ou *Arcisus, Arciaca, Arciacensis campania, Arcisio, Arciacense territorium ad Albam flumen.*

Ce *pagus* doit son nom au principal lieu habité de la contrée, lieu qui n'était qu'un *opidulum*, situé sur les bords de l'Aube et placé sur la route romaine de Troyes à Châlons. Il comprenait les rives de l'Aube depuis Ramerupt jusque vers Marcilly, et par ces deux extrémités touchait, en suivant les bords de la rivière, au *pagus Breonensis* et au *pagus Mauripensis ;* au midi il était borné par le *pagus Trecensis*, et au nord par les plaines de Châlons, au territoire des Rhèmes, dépendant de l'ancienne Belgique. Son territoire ne comprend que les deux versants de l'Aube et quelques affluents.

On cite comme étant situés dans ce *pagus* : *Villa Reliacum*, Rilly-Sainte-Syre (275); *Ramerudum castrum*, Ramerupt (vi^e siècle), Vie-de-Saint-Beausange; *Vicus aper*, Viâpres-le-Petit (753); *Cavanicœ*, Chavanges (753); *Potens*, Pouan (854); *Malliacus*, Mailly (859); *Sanctus Ulphus*, Saint-Oulph vers le (ve siècle).

Quoique Chavanges soit placé dans le *pagus Arciacensis*, en 753, ce lieu appartenait au Perthois primitif.

3^{ment}.   LE PAYS DE RHEIMS OU DES RHÈMES.

Pagus Remensis.

Ce pays n'est compris dans le département de l'Aube que pour une très-petite partie, ne représentant même qu'une faible portion du Perthois.

Le Perthois.

(*Pagus Perthensis, Pertensis, Parthensis, Pertisus.*)

Le Perthois, dont le chef-lieu est Perthes-en-Perthois, qu'il ne faut pas confondre avec Perthes-en-Rothières, n'est compris dans le département de l'Aube que pour une faible partie : Chavanges et quelques villages situés dans les environs de ce chef-lieu de canton. Quoique ce lieu soit compris, en 753, dans le pays d'Arcis, nous n'hésitons point, par les motifs que nous avons donnés, à le restituer à son pays primitif, au Perthois. Chavanges faisait partie de l'ancien archidiaconé de Margerie (Marne), dont le territoire renfermait les villages situés sur les ruisseaux du Puits, du Meldançon, du Ravet et de la Voire, affluents de l'Aube.

Le Perthois paraît être une faible partie de l'ancienne Belgique et une dépendance du territoire des Rhèmes. Il se rattache aux populations du nord; et si un lambeau de ce pays fut annexé à l'évêché de Troyes, ce fait servirait à démontrer que les circonscriptions ecclésiastiques ne sont pas des délimitations primitives, et n'ont pas eu pour bases exclusives les pagi celtiques, mais bien les circonscriptions de l'administration romaine.

CHAPITRE V.

—

RÉSUMÉ.

Nous sommes arrivé à la fin de cette étude. Nous avons réuni les faits qu'il nous importait de connaître. Nous essaierons d'en déduire les conséquences.

Nous avons d'abord appelé à notre aide la Géologie, l'Hydrographie, l'Orographie et la Climatologie. Ces quatre témoins, que l'on nous pardonne l'expression, nous ont répondu que le département de l'Aube faisait partie de deux grandes régions que la nature elle-même avait formée d'éléments divers, donnant des productions minérales ou végétales différentes, et sur lesquelles les agents météorologiques ont des influences variées, et qui, de nos jours, conservent une physionomie particulière.

Au-dessous de ces deux grandes divisions, nous avons reconnu l'existence d'autres régions d'une moindre étendue, se délimitant non-seulement par des différences d'éléments et de production, par une apparence, par un *facies* spécial, mais encore par des altitudes diverses.

Chacune de ces régions constitue un pays que la nature seule a circonscrit. Nous avons pu constater, à l'aide de l'étude de la langue et sans efforts d'imagination, que les noms de ces régions s'expliquent par les éléments constitutifs du sol, par les végétaux qui y dominent, par le relief du terrain : phénomènes assez sensibles pour frapper l'œil de l'observateur le moins exercé. Nous ne rappellerons pas ces noms, mais nous dirons que ces régions formèrent les pays primitifs, les pays celtiques.

Nous avons cherché à reconnaître quels ont été les lieux choisis par les premiers hommes pour établir leurs rustiques demeures. Nous avons trouvé ces lieux près des cours d'eau, surtout aux bords de nos plus belles et de nos plus abondantes sources, sur le terrain tertiaire, enfin sur ces terrains d'alluvion que Dieu a formés la veille du jour où il créa l'homme, et dans la vue de sa prochaine apparition. C'est sur ces terrains que l'homme a recueilli et recueille encore, avec facilité et en abondance, les choses nécessaires à sa nourriture et à sa conservation.

L'archéologie nous a conduit au même résultat que l'étude des lois de la nature. N'est-ce pas dans les contrées dépendantes des formations tertiaires, sur les bords de la Seine, de l'Orvin et de l'Ardusson (arrondissement de Nogent-sur-Seine) que se rencontrent encore de nos jours, et après la destruction d'un bien plus grand nombre, des monuments appartenant à la période de la plus ancienne civilisation reconnue dans la Gaule, et formés à l'aide des blocs de grès erratiques que les agents atmosphériques sont impuissants à détruire? Si l'on signale quelques monuments rappelant la présence des Celtes dans les régions jurassiques (arrondissement de Bar-sur-Seine), ces édifices sont rares, et, comme nous l'avons dit, ils ne sont ni de mêmes formes ni de mêmes matières, et peut-être sont-ils postérieurs.

C'est à cette même période qu'appartiendraient les noms de nos rivières, de nos ruisseaux, et de quelques-unes de nos sources. Qu'il nous soit permis de rappeler cette conformité de noms des cours d'eau de notre département, avec ceux qui sont répandus par toute la France et qu'on retrouve en Italie et en Angleterre. On peut être frappé de la répétition des mêmes noms dans une contrée aussi limitée. Mais cette répétition prouverait que ces noms primitifs étaient de ceux que nous disons communs. N'avons-nous pas établi une fois de plus, avec les autorités les plus accréditées, que ces noms appartiennent à la langue en usage chez les hommes qui, les premiers, prirent possession de la contrée ? Nous ne citerons ici aucun de ces noms, mais nous n'hésitons pas à reconnaître avec M. de Humboldt que « les noms des rivières appartiennent aux mo- » numents les plus anciens des langues. »

Nous n'avons recherché les origines celtiques que pour une partie des noms de nos villages. Nous aurions pu sans doute étendre nos remarques sur ce point, mais nous avons voulu tenter un essai et non épuiser la matière (1).

---

(1) M. Tarbé, dans ses *Recherches sur l'histoire du langage et des patois de Champagne* (Reims, 1851), dit : « Les Belges, c'est- » à-dire en Champagne les Ardennais, les Rémois, les habitants de » Langres, sont issus des Germains. La langue celtique, dans nos » contrées, fut celle des Sénonais, des Troyens, des gens de la Brie. » Nous ne faisons mention qu'avec réserve de l'opinion de M. Tarbé, et nous rappellerons que les Belges auraient déplacé une population plus ancienne, et qui laissa des traces dans la langue du pays au moins par les noms des rivières et sans aucun doute par quelques noms de lieux.

Si les Gaulois indépendants ont laissé peu de traces de leur industrie, nous n'hésitons pas à leur attribuer au moins une partie des nombreux ferriers que conserve la contrée d'Othe. Sur ce point, nous suivons non-seulement la foi due à des historiens contemporains, mais encore celle qui résulte d'observations recueillies sur les lieux.

Nous avons invoqué le témoignage de l'histoire, et l'histoire nous a appris que, pendant l'indépendance de la Gaule, les deux grandes nations des Sénons et des Lingons, quoique voisines, n'avaient jamais confondu leurs intérêts. Ces divisions résultaient de deux causes : la première était la différence d'origine; la seconde reposait sur l'existence d'une barrière naturelle et alors infranchissable, et cette barrière on la trouve dans les forêts basses et humides qui couvraient la grande contrée du Der.

Cette division, entre les deux nations, remonte aux temps des invasions qui conduisirent les peuples gaulois au-delà des Alpes, et se continua après les derniers jours de l'indépendance de la Gaule. A cette heure suprême, les Sénons combattent pour le salut de la patrie, pour la défense du sol gaulois, tandis que les Lingons ont reconnu le pouvoir de César et sont rangés sous ses étendards victorieux.

Plus tard, et alors que la population s'augmente sous l'influence de la civilisation romaine, nous trouvons cette population établie dans les lieux où les Gaulois indépendants avaient vécu, puis sa présence est constatée sur les bords de la Seine et de l'Aube, dans les riches et étroites vallées qui débouchent sur ces rivières et dans la contrée d'Othe. Les centres habités augmentent en nombre et en importance.

Dans ces contrées, l'industrie humaine est représentée par des objets de toutes sortes. Le sol est jonché de ces antiques débris, et, fidèle gardien des trésors qui lui sont confiés, il nous les rend aujourd'hui dans l'état où les ont laissés les terribles et désastreuses invasions du ve siècle.

Nous ne citerons pas dans ce résumé les nombreuses localités qui ont possédé ou possèdent encore des souvenirs de cette brillante époque. On y a découvert des cimetières, des monnaies qui rappellent l'empire romain, ainsi qu'une grande quantité d'objets appartenant à l'industrie. On a mis au jour, au midi de la forêt d'Othe, la ville de *Blanum*, assise près d'Auxon, sur la voie romaine d'Autun à Troyes, et l'on est fondé à croire que les débris de la magnifique habitation, découverte en 1852 dans la vallée de la Vanne, sur le territoire de Paisy-Cosdon, appartiennent au *Clanum* des itinéraires.

Nous avons interrogé jusqu'à la forme architectonique des constructions rurales, constructions souvent légères et sans solidité ni durée, mais dont les lignes, conservées par une antique tradition, n'ont subi jusqu'à ces derniers temps aucune modification. Nos recherches nous enseignèrent que les diverses formes de ces rustiques édifices, que les dispositions générales des habitations, que leur agglomération ou leur dispersion n'était pas un fait fortuit dû au caprice ou au hasard. Et ici encore nos observations sur les lieux se réunirent à l'étude des noms pour aider à fixer les limites de telles ou telles contrées.

Les formes employées pour les constructions de l'Est, et celles que l'on rencontre vers le centre du département et sur les bords de la Seine, limitent les deux peuples dont nous essayons d'esquisser les premiers temps de leur histoire, comme aux temps gallo-romains. Car nous n'hésitons pas à faire remonter jusqu'à cette époque les formes en usage dans l'est du département et dans le Briennois (1), tandis que les chaumières de la Champagne et des bords de la Seine, d'un aspect si misérable, et que nous voyons avec plaisir transformer tous les jours en demeures plus commodes, rappellent les humbles habitations des Gaulois primitifs.

Nous rappellerons ici nos remarques sur les délimitations de territoires qui, selon nous, doivent leur origine à l'application d'une ancienne loi romaine. Ces monuments, quelque modestes, quelque rustiques qu'ils soient, nous ont semblé dignes de la plus sérieuse attention, puisque leur existence tendrait à fixer l'origine de la plupart de nos villages, même de quelques-uns de nos hameaux. On peut se souvenir que sur ce point nous avons réuni une double preuve se prêtant l'une et l'autre un mutuel appui. Nous avons même ajouté à ces preuves l'autorité que donne l'absence de limites de cette nature pour les territoires de nos villages, formés postérieurement aux temps gallo-romains, sur les terrains défrichés de la forêt du Der. Quant aux noms de ces

---

(1) Ces constructions, qui rappellent celles de l'Italie et du midi de la France, se rencontrent dans l'Est, sur une largeur que nous ne saurions préciser. Mais nous avons remarqué qu'elles étaient en usage depuis Piney jusque dans la Lorraine allemande, c'est-à-dire jusque dans les arrondissements de Château-Salins et de Sarreguemines.

limites, on sait qu'ils sont nombreux chez les Sénons comme chez les Lingons, sans qu'ils soient les mêmes.

C'est aussi à cette époque reculée qu'il faut fixer l'application des anciennes mesures agraires, car nous n'osons proposer une époque antérieure. Les noms de ces mesures disparaîtront du langage comme ils ont disparu de la loi, mais la chose restera. Nous nous bornerons à signaler que, chez les Sénons, l'unité de mesure était l'arpent, tandis que chez les Lingons cette unité, différente de contenance, portait le nom de journal (1).

Pendant la période gallo-romaine, la cité des Tricasses, qui ne portait pas encore le nom de Troyes, prit de l'importance. Elle s'entoura d'habitations agréables qui décorèrent ses environs. Les Tricasses augmentèrent en nombre et en influence, et leur territoire s'agrandit des premiers défrichements opérés au midi et à l'est de leur cité. Si ce peuple n'est pas nommé avec les Sénons qui traversèrent les Alpes et prirent Rome, sans doute ils faisaient partie de ces valeureuses phalanges. Dès le premier siècle de l'ère chrétienne, les Tricasses prennent place parmi les peuples de la Gaule. Deux siècles sont à peine écoulés qu'un disciple du Christ prend, à Troyes, le titre d'évêque, et cette ville, à partir de ce jour, devient le chef-lieu d'un diocèse important.

Si ce diocèse, comme circonscription purement civile et administrative du pouvoir romain, n'était pas constitué à cette époque, avec l'étendue sur la-

____

(1) L'arpent contenait 42 ares 20 centiares ; le journal, 31 ares 66 centiares.

quelle s'exerça l'autorité ecclésiastique, étendue que nous avons déterminée plus haut, ce serait vers cette date qu'il faudrait faire remonter les droits de l'évêque sur les contrées comprises dans le diocèse de Troyes, composé, ainsi que nous l'avons dit, du territoire de la cité et d'une partie des provinces de Sens et de Langres, ainsi que d'une faible portion de celle de Reims.

C'est, en effet, aux derniers temps de la domination romaine, à l'époque de la décadence de ce puissant empire, que les populations furent divisées administrativement, selon la volonté, l'intérêt, on pourrait presque dire, le caprice de celui qui prescrivait ce partage du territoire gaulois. A la chute du colosse, s'éleva un autre pouvoir dont la force était puisée dans ses doctrines, en même temps qu'elle sortait du cahos au milieu duquel ce pouvoir se fonda, en s'appropriant la plus grande partie d'une autorité arrivée à la décrépitude. C'est au clergé chrétien qu'est due la conservation des principales divisions territoriales existant la veille du jour où tomba l'empire romain dans la Gaule. Est-il besoin de dire que ces divisions ne disparurent qu'au milieu des grands évènements qui marquèrent la fin du xviiie siècle ?

Nous avons relevé quelques remarques sur les noms de nos villages, et ces remarques se réunissent à nos observations sur les phénomènes naturels, comme aux faits historiques, pour établir que les contrées renfermées dans le département de l'Aube ont appartenu à deux nations isolées l'une de l'autre pendant de longs siècles. Nous avons aussi signalé, d'une part, l'extinction graduelle dans la direction du Sud-Ouest au Nord-Est, des noms se terminant par *y*, généralement considérés comme étant d'origine celtique. Ceux-ci, très-nombreux dans le département de l'Yonne, diminuent dans celui de l'Aube pour diminuer encore dans celui de la Marne. N'est-ce pas dans le département de l'Aube que se forment les noms qui, dans leur composition, comprennent le mot *ville?* Aucun de ces noms n'existe dans le département de l'Yonne, et ce mot, dans celui de l'Aube, est placé au commencement du nom au midi de la rivière d'Aube, et à la fin sur les bords et au nord de cette rivière. Dans les mêmes lieux n'existe-t-il pas d'autres noms appartenant sans doute à une époque postérieure et subissant la même influence, puisque le département de l'Yonne est complètement dépourvu de noms dans lesquelles entre la syllabe *court*, que cette syllabe est au commencement du nom au midi de l'Aube, à la fin au nord de cette rivière, et que ces noms s'augmentent en nombre en se dirigeant vers l'Est de la France, dans les départements de la Marne, de la Meuse, etc. ? Il y aurait donc, dans le département de l'Aube, une limite bien marquée, même de nos jours, entre deux ou plusieurs rameaux de la grande race celtique.

A la brillante période de la civilisation romaine, succèdent les ténèbres. Une nuit obscure enveloppe la Gaule. Pendant ce temps de malheurs et de deuil, l'industrie si délicate et si perfectionnée des siècles précédents disparaît complètement. Tout devient ruines. La plus sombre barbarie, la plus grossière ignorance dominent en tout et partout. Si l'on essaie d'élever quelques rares édifices, ils tombent sous les étreintes du feu, sous la puissance du fer, les seules forces à l'usage des barbares. Les six premiers siècles de notre monarchie n'ont laissé que des débris pour souvenirs. Si nous jugions de l'importance de la population par les monuments de cette époque, nous croirions que les hommes avaient à peu près disparu de nos contrées, et que les rois, successeurs de Clovis et de Charlemagne, régnaient sur de vastes déserts. Ce fait est pourtant inadmissible, car nos contrées comptèrent encore de nombreuses victimes, et le sol se couvrit de nouvelles ruines lors de l'invasion des Normands, vers la fin du IXe siècle.

Les deux premières périodes de la monarchie française furent tellement troublées par les évènements, qu'il est difficile de suivre à cette époque les limites territoriales imposées par la politique aux différentes possessions établies sur le sol gaulois. Nous n'avons pas abordé cet ordre de faits : ils touchent à une série d'études qui n'appartient pas au plan que nous avons adopté. Nous nous sommes borné à démontrer que les *pagi* des temps mérovingiens et carlovingiens ne répondaient point aux *pagi* celtiques ou primitifs. Nous croyons avoir établi que le mot *pagus*, du ve au xe siècle, n'a plus le sens qui lui était donné aux époques antérieures. Il voulait plutôt indiquer que le lieu dont on parlait était situé près ou aux environs de la ville, dont le nom était donné au pays, à la contrée, que de faire connaître qu'il faisait partie de ce même pays, de cette même contrée. On a pu remarquer que l'on passe du mot *pagus* au mot *comitatus*, pour revenir ensuite au premier.

Une renaissance facile à constater s'opéra vers les

x^e et xie siècles. Elle se révèle, non seulement par les monuments, mais plus encore par les nouveaux centres d'habitations qui se fondent et s'organisent sous la protection des idées chrétiennes. Un vaste défrichement s'exécute, et ainsi tombe, en grande partie, la barrière qui séparait la province de Langres de celle de Sens, et là où s'étaient accomplis les mystères du culte druidique, s'élevèrent, sous la protection du symbole chrétien, un grand nombre d'établissements agricoles dont la plupart sont encore debout.

C'est vers cette époque qu'il faut placer le défrichement le plus important des forêts dont nous avons fait connaître la vaste étendue. L'absence de débris de monuments celtiques, même gallo-romains, ainsi que l'absence d'aucun centre d'habitations dans cette contrée, prouvent que ces lieux demeurèrent incultes jusqu'à ce moment. Pour établir ce fait, il suffisait de rappeler le défaut de tous débris appartenant aux temps antérieurs, et de signaler les dates de la création des nombreuses maisons religieuses dont les fondateurs et leurs continuateurs dirigèrent les travaux de défrichement. Sur ces nouveaux terrains livrés à l'industrie humaine, en raison de leur fertilité, de la protection accordée aux monastères et des concessions féodales, la population s'établit promptement et s'y développa rapidement. Aujourd'hui, cette région est, relativement à la superficie, la plus peuplée du département.

Mais avant de clore notre résumé, nous croyons devoir faire remarquer que nous avons gardé le silence sur la race unique et les différents rameaux de l'espèce humaine qui peuplent le département de l'Aube. En un mot, nous n'avons rien dit de l'anthropologie, qui aurait pu faire l'objet d'un chapitre spécial. Si nous nous sommes abstenu, ce n'est point par oubli, mais par suite de l'impossibilité où nous nous sommes trouvé de pouvoir tirer, de cette partie de nos observations, des faits assez concluants et pouvant être placés à côté de ceux que nous avons signalés.

La population du département de l'Aube ne présente certainement pas un seul type. Il est évident que de notables différences se font remarquer, mais ces différences peuvent se produire par des causes multiples, et ne prouveraient rien en les rapprochant du sujet que nous avons traité. Elles reposent surtout sur l'élévation de la taille, la couleur des cheveux, celle des yeux, la clarté ou la blancheur du teint, la beauté des formes. Un fait qui nous paraît hors de doute, c'est que les habitants de la vallée de l'Aube ont la taille plus élevée, le teint plus blanc, les cheveux plus blonds, les formes plus belles que les habitants des bords de la Seine et de l'Ource. Cette dissemblance est même très-marquée entre les habitants des communes limitrophes des deux arrondissements de Bar-sur-Seine et de Bar-sur-Aube. La population de la vallée de la Seine, de Romilly à Nogent, est de petite taille et de formes arrondies. Celle d'Ervy est fort belle, tandis que dans certains villages voisins, les formes ont moins de régularité.

L'appréciation des causes de ces différences est fort délicate. La nature habituelle des travaux, la composition du sol, celle des eaux, le voisinage des forêts, l'alimentation, la disposition des habitations,

leur situation sur un sol sec, humide ou marécageux, l'exposition des villages au midi ou au nord,
sont des influences trop multiples et trop diverses
sur les populations pour ne pas amener, dans le
cours des siècles, la confusion des types et effacer
la distinction des races. La fusion des populations
conduit au même résultat.

Nous avons donc cru convenable de ne pas con-
clure sur ce sujet. Mais nous profitons de l'occasion
pour exprimer le désir qu'une étude de ce genre soit
entreprise, et nous sommes certain d'avance de l'intérêt qui s'y attacherait.

Nous aurions pu encore invoquer une autorité
qui n'est pas sans valeur. Nous voulons parler des
anciennes Coutumes.

Les premières qui furent reconnues en Champagne furent celles qui conservèrent le vieux titre
de : *Li droict et lis coustumes de Champaigne et Brie que
li Roys Thibaulx establi premierement.* Elles datent du
XIIIᵉ siècle. A cette époque, ces coutumes fixèrent
des principes qui remontaient aux temps celtiques.
Retrempées dans des idées et dans des besoins plus
nouveaux, elles reçurent, à la fin du XVᵉ siècle, une
nouvelle force en conservant leurs anciennes règles
et constituèrent la base des coutumes du bailliage
de Troyes.

Les contrées qui forment le département de
l'Aube furent régies principalement par trois coutumes : celle de Troyes, de Sens et de Chaumont.

Sans entrer dans l'examen des détails, nous dirons que les coutumes de Sens et de Troyes se
relient, par certains principes fondamentaux, aux
coutumes du Nivernais, du Berry, de Chartres, de

Meaux, de Paris, de Bretagne et de Picardie, tandis que celle de Chaumont, appliquée dans la partie orientale du département, n'a que peu ou point de rapports avec les coutumes des régions occidentales de la France. Cette dernière coutume régit, jusqu'en 1789, le pays de Brienne et tout le cours du ruisseau de l'Auzon, c'est-à-dire, tout un pays qui conserve, par ses habitudes, son mode de construction, ses noms de lieux, les traces d'un passé qui le rattache aux populations de l'Est de la France.

Quelques mots sur le costume.

Nous n'avons signalé aucun fait relatif au costume, et peut-être aurions-nous pu relever quelques observations curieuses : le costume frappant rapidement l'attention. Aujourd'hui l'étranger aurait peine à constater des variétés bien tranchées dans le costume des habitants de nos campagnes, et pourtant un observateur attentif peut remarquer dans celui des femmes des nuances fort appréciables.

Ainsi les femmes de quelques cantons de l'Ouest du département (arrondissement de Nogent) portent pour coiffure un mouchoir ou fichu noué, il est vrai, avec moins de coquetterie que celui des femmes de la Gascogne, et ce mode de coiffure ne paraît pas être sorti des contrées qui se rattachent à la Brie.

Dans quelques communes du canton de Bouilly, limitrophes de celui de Lusigny, et dans ce dernier canton, on a vu, jusqu'à ces dernières années, porter une coiffure riche, élégante, fort parée, et composée le plus souvent de belles dentelles. Cette coiffure, de forme plus ou moins élévée, disposée en éventail, comportait des détails qui servaient à distinguer les riches fermières, les veuves, les jeunes filles et les femmes de moindre condition. Dans l'Est du département (arrondissement de Bar-sur-Aube), une autre coiffure, avec barbes et d'autres dispositions que celle de la coiffure du canton de Lusigny, établissait les m mes distinctions.

Ces souvenirs, d'une partie essentielle des costumes anciens et traditionnels, se sont effacés sous nos yeux et sans doute pour jamais. Le vieux costume a dû faire place au système égalitaire auquel les vêtements ont dû se soumettre au XIXe siècle.

Si nous avons réveillé ces souvenirs d'objets d'apparence futile, mais qui pourtant sont très-caractéristiques, nous y avons été porté au moins autant par le nom que par la chose elle-même. La coiffure du canton de Lusigny portait le nom de *tocquat*. Le nom de *toc* (1) se retrouve, chez les bretons, appliqué à la coiffure des femmes, et la forme du *tocquat* est encore conservée parmi les populations de l'Ouest avec des variantes peu sensibles. Nous n'avons pas la prétention de faire remonter l'origine de cette coiffure aux temps antiques, mais on remarquera que l'objet, comme le nom, appartient aux deux extrémités d'une grande région dont les populations conservèrent, entre elles et pendant longtemps, les rapports les plus sympatiques tendant à faire croire à une commune origine.

Nous avons terminé cette étude, longue sans doute, mais qui ne pouvait être abrégée, car nous

---

(1) *Origines gauloises*, par La Tour-d'Auvergne, p. 123.

ne devions pas nous borner à exposer, il fallait développer notre idée, et au besoin prévenir les objections. Nous avons trouvé des documents nombreux et certains. Nous avons puisé des faits à des sources très-variées, et nous les avons vu prêter un commun appui à notre raisonnement; malgré son développement, ce travail sera peut être considéré comme incomplet, puisque nous avons négligé certains détails qu'auraient pu nous fournir au moins l'étude de la langue. Mais si toutes les ressources du sujet ne sont pas épuisées, nous avons indiqué un chemin dans lequel nous sommes entré seul et presque sans guide, et nous serons satisfait de le voir parcourir par d'autres que par nous. Nous avons nous-même dressé un cadre que nous avons essayé de remplir, et si nous n'avons qu'esquissé notre tableau, nous serons heureux de le voir un jour achever par de plus habiles.

20 Février 1860.

(Lu à la séance de la Société Académique de l'Aube
le 18 mai suivant.)

APPENDICES.

N° 1.

LISTE DES NOMS DE RIVIÈRES ET DE RUISSEAUX

Arrosant le département de l'Aube.

L'ADMÉE, l'Edmée, la Demie, quelquefois le Melda. — De Lavau à Sainte-Maure. — Alluvions de la Seine. — Dérivation de cette rivière.

L'ALAIN. — De Pouy (Aube) à Molinons (Yonne). — Terrain tertiaire. — Affluent de la rive droite de la Vanne. — D'*Alen, Len,* ruisseau.

L'AMANCE, *Amancia, Amantia.* — D'Amance à Mathaux. — Terrain néocomien. — Affluent de la rive gauche de l'Aube. — *Amen,* rivière. L'Amance, rivière du département de la Marne.

L'ANCRE (*Incra* ?). — De Bercenay-en-Othe à Estissac. — Terrain tertiaire. — Affluent de la rive gauche de la Vanne. — D'*Ancra, Ancrea,* vallée étroite, long défilé. La Somme a un affluent de ce nom.

L'ARCE, *Arcia, Artia, Arcea,* XIIIe siècle (Pap. Masson), *Arsia.* — De Fontarce, commune de Vitry-le-Croisé à Mérey. — Terrain jurassique. — Affluent de la rive droite de la Seine. — Un ruisseau de ce nom prend sa source à Arce (Yonne). L'*Arsa,* l'*Arsia,* rivière de l'Istrie, qui, au temps de Pline, servait de limite à l'Italie. L'*Arce,* affluent de la Charente; l'*Arzon,* affluent de la Loire.

L'ARCOT. — De Dienville à Radonvilliers. — Alluvions anciennes des environs de Brienne. — Affluent de la rive droite de l'Amance.

L'Arcot. — D'Avant à Longsols. — La craie. — Affluent de la rive gauche de la Sorge ou Longsols.

L'Ardusson ou Arduçon, *Arduco* (1131-1136), Arduce (1130), *Ardutio* (1194), *Arduceus* (Pap. Masson). — De Marigny-les-Etangs à Bernières, commune de Nogent-sur-Seine. — La craie. — Affluent de la rive gauche de la Seine.

L'Arlette. — Territoire d'Arsonval.—Terrain jurassique.— Affluent de la rive droite de l'Aube.

L'Armance, l'Ermance (xiii⁽ siècle), *Armancia, Armantia* (Had. de Valois). — De Chaource à Saint-Florentin. — Limite occidentale du terrain jurassique. — Affluent de la rive droite de l'Armançon. — L'une de ses sources se nomme *la Vilaine.* — L'*Almance*, affluent du Lot; l'*Aumance*, affluent du Cher.

Les Armances. — Territoire de Saint-Oulph. — Craie. — Affluent de la rive droite de la Seine.

L'Armançon ou l'Harmançon, *Hermentio, Hermensio, Harmentio, Armentio, Urmuntio, Ormentio, Hormensio, Ermentio,* Ermençon. — Coule sur le territoire de Marolles-sous-Lignières, prend sa source à Pouilly (Côte-d'Or), se jette dans l'Yonne à Joigny (Yonne). — Terrain jurassique.

L'Artaut ou l'Artot. — De Viviers à Landreville. — Terrain jurassique. — Affluent de la rive droite de l'Ource.

L'Aube, *Alba, Albis, Albula.* — De Pralay (Côte-d'Or) à Marcilly-sur-Seine. — Terrain jurassique et craie. — Affluent de la rive droite de la Seine. — L'*Aube* dans les Ardennes. — D'*Alba,* blanche, limpide.

L'Auge, *Augia.* — De Sézanne (Marne) à Boulage. — Craie. — Affluent de la rive droite de l'Aube.

L'Aujon. — Du moulin d'Aujon, territoire de Perrogney, à Ville-sous-la-Ferté. — Terrain jurassique. — Affluent de la rive droite de l'Aube.

L'Aune ou l'Aulne, *Aulnum* (ix⁽ siècle). — De Fontaine-Mâcon à Nogent-sur-Seine.—Terrain tertiaire.—Affluent de la rive gauche de la Seine.

L'Auxon. — D'Auxon à Ervy. — Falaise méridionale de la craie. — Affluent de la rive droite de l'Armance.

L'Auzon, *Ausonium* (1140), *Ausona* (1186), *Auzonna*, *Ausona* (Pap. Masson). — De Brévonne à Pougy. — Grès vert, craie. — Affluent de la rive gauche de l'Aube. — *Auson, Auzon, Ausson*, rivière. — Il existe, en France, un grand nombre de cours d'eau qui portent des noms à peu près semblables : l'*Ausson*, affluents de la Durance et de l'Aude ; l'*Auson*, en Bretagne ; l'*Ouzon*, le gave d'*Auzun*, le gave d'*Azun*, sont trois affluents de l'Adour ; *Louçon*, affluent de la Garonne.

L'Avant. — D'Avant, arrondissement de Nogent-sur-Seine, à Soligny-les-Etangs. — Craie. — Affluent de la rive droite de l'Orvin. — *Av, Avan,* eau, rivière. — L'*Aven,* ruisseau de la Bretagne.

L'Avon ou ruisseau de Saint-Pierre-de-Bossenay, *Avo.* — D'Avon-la-Pèze à Saint-Pierre-de-Bossenay. — Craie. — Affluent de la rive gauche de l'Ardusson. — *Avon,* eau, rivière.

La Barbuise, *Barbuisia, Barbutia.* — De Fontaine-Luyères à l'Abbaye-sous-Plancy. — Craie. — Affluent de la rive gauche de l'Aube.

La Barbuise. — Voir la Nauxe.

La Barse, *Barsan* (854), *Barsa* (854), *Barsith* (864). — De Vendeuvre à Saint-Parres-les-Tertres. — Limite occidentale du terrain jurassique. — Affluent de la rive droite de la Seine. — Ses principales sources sont celles de la Barse, de l'Ouzotte et de Bigerne ou Bizerne. — Dans le département de la Marne, territoire de Saint-Just, existe un cours d'eau nommé les Barses. — Pap. Masson lui fait recevoir les eaux de l'Ardusson ; erreur.

La Bodronne ou Baudronne. — De Thieffrain à Montreuil. — Limite occidentale du terrain jurassique. — Affluent de la rive gauche de la Barse.

Le Beau. — De Potangis (Marne) à Conflans-sur-Seine. — Terrain tertiaire. — Affluent de la rive droite de l'Aube.

Le Beau. — De Lignères à Marolles-sous-Lignières. — Terrain néocomien. — Affluent de la rive droite de l'Armançon.

Le Bécon. — Des Noës à la Chapelle-Saint-Luc. — Craie, marais tourbeux. — Affluent de la rive gauche de la Seine.

Le Bétro ou Béthro. — De Dierrey-Saint-Pierre à Estissac. — Craie. — Affluent de la rive droite de la Vanne.

La Blaise ou Fontaine-Blaise. — De Villechétif au Pont-Hubert. — Craie, marais tourbeux. — Affluent de la rive droite de la Seine. — La *Blaise*, affluent de la Marne; la *Blaise*, affluent de l'Eure.

La Blaine, *Blanum*. — D'Auxon à Ervy. — Falaise méridionale de la craie. — Affluent de la rive droite de l'Auxon. — La *Brenne*, rivière du département de Saône-et-Loire.

Le Bouray. — Territoire de Roncenay. — Falaise méridionale de la craie. — Affluent de la rive gauche de l'Ousse.

La Bourbonne. — De Vernonvilliers à Crespy. — Terrain néocomien. — Affluent de la rive gauche de la Brévonne.

Le Boutois. — De Villeneuve-au-Chemin à Soumaintrain. — Falaise méridionale de la craie. — Affluent de la rive droite de l'Armance.

La Bresse, *Breca* (1247). — De Colombey-la-Fosse à Ailleville. — Terrain jurassique. — Affluent de la rive droite de l'Aube.

La Brevonne, *Brevonna*. — Du Petit-Mesnil à Rance. — Terrain néocomien. — Affluent de la rive gauche de la Voire. — A Saint-Rambert existe une fontaine nommée *Eaux-Brebonnes*. — M. le baron de Belloguet (*Ethnogénie gauloise*, page 159) dit que le mot *Brebonne* est celtique. En Brie et en Normandie, il y a deux cours d'eau du nom de *Brévonne*. *Brevon*, affluent de la Celune (Manche); *Brevon*, affluent de la Seine (Côte-d'Or).

Le Buzio. — Territoire de Dierrey-Saint-Julien. — Craie. — Affluent de la rive droite du Bétro.

Le Ceffondez. — De Beurville à Ceffondez (Haute-Marne).— Terrain jurassique et grès vert. — Affluent de la rive gauche de la Voire. — Ce ruisseau, qui a sa source et son embouchure dans le département de la Haute-Marne, coule en partie sur le département de l'Aube.

La Chameuse. — De Vallières à Vanlay. — Terrain néocomien. — Affluent de la rive gauche du Landion.

La Civanne. — De Montreuil à Montaulin. — Diluvium. — Affluent de la rive gauche de la Barse.— *Civanne, savanne*, prairie humide.

Le Combert.—De Vougrey à Lantages.—Terrain néocomien. — Affluent de la rive droite de la Marve.

La Conge. — Territoire de Lhuître. — Craie. — Affluent de Lhuitrelle.

Le Courtançon. — Territoire de Chaource. — Grès vert. — Affluent de la rive droite de l'Armance. — Ce ruisseau a de nombreux affluents.

Le Cresson. — Territoire de Fontaine.—Terrain jurassique. — Affluent de la rive gauche de l'Aube.

Les Cuvelots. — Territoire d'Arrentières. — Terrain jurassique. — Affluent de la rive droite de la Bresse.

La Dobouine. —Territoire de Resson. — Terrain tertiaire.— Affluent du Resson.

La Douée. — De Montpothier à Resson. — Terrain tertiaire.— Affluent de la rive gauche du Resson.

Les Echelles. — De Laubressel à Courteranges. — Falaise méridionale de la craie. — Affluent de la rive droite de la Barse.

L'Enneau. — Territoire de Chaource. — Grès verts. — Affluent de la rive droite de l'Armance.

Les Fonts. — Territoire de Tranne. — Limite occidentale du terrain jurassique. — Affluent de la rive droite de l'Aube.

Le Gengoult. — Territoire de Vougrey. — Terrain néocomien. — Affluent de la rive droite de la Marve.

La **Gironde**, *Gerunda, Garunda, Gironda*. — De Bergère à Meurville. — Calcaire jurassique. — Affluent de la rive droite du Landion. — *Garonne*, impétueuse eau ; *Ger, Gi*, rivière. — Gironde, fleuve ; Gironde, affluent de la Durance ; Giron, affluent de la Garonne.

La **Gironde**. — De Torcy-le-Grand à Arcis. — Craie. — Affluent de la rive gauche de l'Aube.

La **Gironde**. — De Mesnil-Lettre à Véricourt. — Craie. — Affluent de la rive gauche de l'Auzon. — Voyez *Statistique géologique de l'Aube*, art. Mesnil-Lettre.

La **Gironde**. — Territoire de Chessy. — Terrain néocomien. — Affluent de la rive gauche de l'Armance.

La **Gravelle** ou le Molton. — D'Yèvres à Braux. — Craie. — Affluent de la rive gauche du Ravet.

La **Gravelle**. — Territoire de Mathaux. — Ancienne alluvion de l'Aube. — Affluent de la rive gauche de l'Aube.

Le **Gueudot**. — Territoire de Vendeuvre. — Terrain néocomien. — Affluent de la rive droite de la Barse.

L'**Harmançon**. — Voyez Armançon.

L'**Herbisse**, l'Herbisson ou l'Herbision (1131), l'Herbissonne, *Herbitia*. — De Villiers-Herbisse à Champigny. — Craie. — Affluent de la rive droite de l'Aube. — L'Herbasse, affluent de l'Isère.

L'**Hozain** ou le Losain, l'Hoze, l'Oze, *Lozanus* (Pap. Masson), *Loza*. — Des Bordes-de-Lantages à Bréviande. — Limite occidentale du terrain jurassique. — Affluent de la rive gauche de la Seine. — L'*Ose*, affluent du Lot ; l'*Oison*, affluent de la Dive (Calvados) ; l'*Auze*, affluent de la Dordogne ; *Loze* et *Lozerain*, près Alise-Sainte-Reine ; l'*Ozanne*, affluent médiat du Loire ; *Louzoue*, *Losse*, affluents de la Baise (Gers). — *Ausa*, rivière qui coule près de Rimini, en Italie ; elle formait les limites de la 6ᵉ et de la 8ᵉ division d'Auguste. Cette contrée fut habitée par les Lingons. C'est du nom de l'Hozain qu'a été nommé le hameau d'*Ause, Ausa*, aujourd'hui *Chapelle-d'Ose*. — L'Ouze, rivière d'Angleterre, ainsi nommée à cause de son fond vaseux et de ses eaux troubles. (*Origines gauloises,* par La Tour d'Auvergne, p. 283.)

L'Huitre ou l'Huîtrelle, *Lustria* (Pap. Masson), l'*Hustria*. — De Mailly à Vinets. — Craie. — Affluent de la rive droite de l'Aube.

La Hurande. — De Roncenay à Bréviande. — Marais tourbeux. — Affluent de la rive gauche de la Seine.

La Laigne, *Laing* au moyen âge, *Lagnia* (1648). — De Laigne (Côte-d'Or) à Polisy. — Affluent de la rive gauche de la Seine.

La Laine, *Lanna.* — De Ville-sur-Terre à Lentilles. — Limite occidentale du terrain jurassique. — Affluent de la rive gauche de la Voire. — Ses premières sources sont sur le territoire de Ville-sur-Terre; les plus importantes, à Soulaines.

Le Landion, *Landio.* — De Champignolles à Dolancourt. — Terrain jurassique. — Affluent de la rive gauche de l'Aube. — Les eaux des sources de Champignolles disparaissent après avoir fait tourner un moulin pour revenir à la surface du sol dans le vallon qui conduit à Bligny. — *Lan, Len,* ruisseau, petite rivière; *Ion,* fontaine, eau, rivière. — Le Laion, *Ladio,* limitait l'ancien diocèse d'Angers de celui de Poitiers.

Le Landion, *Landionum* (878). (Cartulaire de Sainte-Bénigne, de Dijon; Chartes bourguignones des IXe, X^e et XIe siècles, publiées en 1849; Mémoires présentés par des savants étrangers à l'Académie des inscriptions et belles-lettres, 2e série, t. II, MDCCCXLIX.) — D'Etourvy à Davrey. — Terrain jurassique. — Affluent de la rive gauche de l'Armance.

Le Landion. — De Cunfin à Verpillières. — Terrain jurassique. — Affluent de la rive droite de l'Ource.

Le Landion. — De Noé à Essoyes. — Terrain jurassique. — Affluent de la rive droite de l'Ource.

Le Laps. — Territoire de Davrey. — Terrain néocomien. — Affluent de la rive gauche du Landion.

Le Livon. — De Longueville à Marcilly-sur-Seine. — Alluvion de l'Aube.—Affluent de la rive gauche de l'Aube.

Le Livon. — Territoire de Nogent-sur-Seine. — Alluvion de la Seine. — Affluent de la rive gauche de la Seine. — *Alivus, Alinus,* digue au bord de l'eau ; *Liva,* inonder ; *Aliv,* qui empêche les inondations ; *Llifo, Llivo,* se répandre, en parlant de l'eau ; *Live,* niveau ; *Livea,* niveler, d'où *Livel,* Liveau, en vieux français. A Troyes, l'on a longtemps écrit et l'on dit encore : *prendre le liveau, donner le liveau* d'eau.

La Loire. — Territoire de Saint-Thibault. — Diluvium. — Affluent de la rive gauche de la Seine. — La Loire, affluent de la Corèze.

La Loire. — Territoire de Chessy. — Terrain néocomien. — Affluent de la rive gauche de l'Armance.

Le Longsols. — Voir la Sorge.

La Mandrille ou ru de Bernon. — De Bernon à Chessy. — Limite occidentale du terrain jurassique. — Affluent de la rive gauche de l'Armance.

Le Martrois. — Territoire de Chaource. — Grès vert. — Affluent de la rive droite de l'Armance.

La Marve. — De Balnot-la-Grange aux Bordes de Lantages.— Terrain jurassique. — Forme la partie supérieure de l'Hozain, paraît et disparaît plusieurs fois avant d'atteindre les sources des Bordes.

La Maurienne. — De Semoine à Boulages. — Craie. —Affluent de la rive gauche de l'Auge.

La Maze. — De la Ferté (Haute-Marne) à Juvancourt.—Terrain jurassique.— Affluent de la rive droite de l'Aube.

Le Maugaley. — Territoire de Vendeuvre. — Terrain néocomien. — Affluent de la rive droite de la Barse.

La Melaine — De Chauffour à Montiéramey. — Diluvium. — Affluent de la rive gauche de la Barse.

Le Melda. — En 1537, rivière des *Merdasses ;* un peu plus tard, *Merdas.* — De Sainte-Maure à Méry. — Alluvions de la Seine. — Bras le plus oriental de la Seine.

Le Meldançon, Meleçon (xiiie siècle). — De Chassericourt à Nogent-sur-Aube. — Craie. — Affluent de la rive droite de l'Aube. — Reçoit à Saint-Utin le *Lignon*, qui a réuni à ses eaux celle du Sois, sur le territoire de Chapelaine et dont la source est à Sommesois. Le Lignon donne son nom au village établi près de sa source.

Le Meldançon. — Ville de Troyes. — Dérivation de la Seine.

La Mogne. — *Madonia* (753). — De Crésantignes à Ile-Aumont. — Falaise méridional de la Seine. — Affluent de la rive gauche de l'Hozain.

Le Molton. — Voir ci-dessus la Gravelle. — D'Yèvres à Braux.

La Morge. — De Piney (forêt d'Orient) à Lusigny. — Grès vert. — Affluent de la rive droite de la Barse. — La Morge, Affluent de l'Allier.

La Mosanne ou Mauzanne. — De Messon à Fontvannes. — Terrain tertiaire de la contrée d'Othe. — Affluent de la rive gauche de la Vanne.

La Nagère. — De Saint-Julien à Troyes. — Alluvion de la Seine. — Affluent de la Seine.

Nagot. — De la Rivière-de-Corps à Saint-André. — Craie. — Affluent de la Vienne.

La Nesle. — Voir la Noxe.

Le Noisé. — Voir la Noxe.

La Nosle. — De Saint-Mards à Paisy-Cosdon. — Terrain tertiaire de la contrée d'Othe. — Affluent de la rive gauche de la Vanne.

Les Noues-Amance. — De Soulaines à Louze. — Grès vert. — Affluent de la rive gauche de la Laine.

La Noxe, la Nauxe, la Nesle, le Noisé, la Vaunoise, la Villenauxe. — De Nesle (Marne) à Nogent-sur-Seine. —Terrain tertiaire. — Affluent de la rive droite de la Seine. — Ce ruisseau portait au ixe siècle le nom de Barbuise, *Barbutia*, *Balbutia*, charte de Lothaire pour l'abbaye de Nesle. — La Vaumoise, affluent de la Loire.

L'OEILLET. — De Saulcy à Thil. — Terrain jurassique. — Affluent de la rive gauche du Ceffondez.

L'OISELET ou le *Puis*. — De Sommepuis (Marne) à Ile-sous-Ramerupt. — Affluent de la rive droite de l'Aube. — Une ferme placée sur ce ruisseau porte le nom d'Oiselet. Oiselet, diminutif de : Oise.

L'ORMONT. — Territoire de Villy-le-Maréchal. — Diluvium. — Affluent de la rive gauche de la Mogne.

L'ORVIN. — De Somme-Fontaine à Villiers-sur-Seine (Seine-et-Marne). — Craie. — Affluent de la rive gauche de la Seine. — *Our*, eau, rivière, *Owen*, *Owi*, rivière.

L'OURCE ou l'Ourse, *Ursus*. — De Poinson (Haute-Marne) à Mérey. — Terrain jurassique. — Affluent de la rive droite de la Seine. — *Urse*, eau, rivière.

L'OUZE ou l'Ousse. — De Roncenay à Villemereuil. — Falaise méridionale de la craie. — Affluent de la rive gauche de la Mogne. — L'Oust, dans le Morbihan.

L'OUZOTTE. — Territoire de Vendeuvre. — Limite occidentale du terrain jurassique. — Affluent de la rive gauche de la Barse. — Voir l'Hozain.

LA PELLE (peut-être le Pel ?). — Territoire de Bourdenay. — Marais tourbeux. — Affluent de la rive droite de l'Orvin. — *Pel*, marais.

LA PIERRE. — Du Val-Perdu, commune de Couvignon à Spoy. — Terrain jurassique. — Affluent de la rive droite du Landion.

LE PUIS. — Voir L'Oiselet.

LA RANCE. — De Montaulin à Ruvigny. — Diluvium. — Affluent de la rive gauche de la Barse. — La Rance, près Saint-Malo. — La Rance, aux environs de Lyon. — La Rance, affluent du Tarn.

LE RAVET. — De la Braux, commune de Pars, à Brillecourt. — Craie. — Affluent de la rive droite de l'Aube.

LE RAVOIS. — Territoire de Romilly. — Alluvions anciennes. — Dérivation de la Seine.

Le Réfroy, le Triffoire, la Profonde ou la Saute.— De Saint-Germain à Troyes. — Marais tourbeux.— Affluent de la rive gauche de la Seine.

Le Regain. — D'Urville à Meurville. — Terrain jurassique. Affluent de la rive droite du Landion.

Le Resson. — De Resson, commune de la Saulsotte, à Nogent-sur-Seine. — Terrain tertiaire. — Affluent de la rive droite de la Seine.

Le Rétang. — Territoire de Rumilly-les-Vaudes. — Grès verts. — Affluent de la rive gauche de l'Hozain.

Le Rognon. — Territoire de Trancault. — Terrain tertiaire. —Affluent de la rive gauche de l'Orvin.— Le Rognon (Haute-Marne).

Le Ruez. — Territoire de Droupt-Sainte-Marie. — La craie. — Affluent de la rive droite de la Seine.

Le Ruffé. — De Longeville à Villy-le-Bois. — Diluvium. — Affluent de la rive gauche de la Séronne.

La Sarce. — De Bragelogne à Courtenot. — Terrain jurassique. — Affluent de la rive gauche de la Seine. — La Sarce, affluent de la Durance (Basses-Alpes). — La Sarsonne, affluent de la Dordogne (Corrèze).

La Sausseine. — De Fontenay-de-Bossery à Courceroy. — Craie. — Affluent de la rive gauche de la Seine.

La Saute. — Voir le Réfroy.

La Seine. *Geonvel, Geobonna, Secoannus (ŒEticus)*; *Sequana* (Ptolémée et Strabon); *Sequana, Siguna, Segona* (Grégoire de Tours); *Sigona* (Frédégaire). — Prend sa source à la *Douix de Seine*, terrain de Poncey (Côte-d'Or). — Dans le département de l'Aube, elle traverse les terrains jurassiques, ceux du grès vert, le diluvium, la craie et les terrains tertiaires.

La Séronne. — Des Maupas aux Bordes-d'Ile-Aumont. — Diluvium. — Affluent de la rive droite de la Mogne.

La Sorge ou le Longsols. — De Rouilly-Sacey à Verricourt.

— Craie. — Affluent de la rive gauche de l'Auzon. — La fontaine de Vaucluse alimente la Sorgue.

La Theume. — De Chaource à Lantages. — Terrain néocomien. — Affluent de la rive gauche de la Marve.

Le Thiélou. — Du Mesnil-Saint-Père à Briel. — Grès verts. — Affluent de la rive droite de la Barse.

Le Thiémois. — De Rouilly-Sacey à Piney. — Grès verts.— Affluent de la rive gauche de l'Auzon.

Le Thuet. — Chappes. — Terrain néocomien. — Affluent de la rive droite de la Seine.

La Trémagne. — De Chamoy à Avreuil. — Falaise méridionale de la craie. — Affluent de la rive droite de l'Armance.

Le Trémont. — De Rigny-le-Ferron à Flacy (Yonne). — Terrain tertiaire. — Affluent de la rive gauche de la Vanne.

Le Triffoire. — Voir le Réfroy.

La Vanne, *Veneta, Venena, Vanna, Veneda,* Vannes ou Venne. — De Fontvannes à Sens (Yonne). — Terrain tertiaire de la forêt d'Othe.

La Vaunoise. — Voir la Noxe.

Le Vérien. — De Rumilly-les-Vaudes à Cormost. — Terrain tertiaire. — Affluent de la rive gauche de l'Hozain.

La Vienne. — De Saint-André à Troyes. — Marais tourbeux. — Affluent de la rive gauche de la Seine.

La Vilaine. — Chaource. — Limite occidentale du terrain jurassique. — L'une des sources de l'Armance. — La Vilaine, ainsi nommée du celtique *Vil,* en raison de son fond vaseux et de ses eaux bourbeuses. (*Origines gauloises,* par La Tour d'Auvergne, p. 283.)

La Villenauxe. — Voir la Noxe.

Le Vivier. — De Colombé-la-Fosse à Colombé-le-Sec.—Terrain jurassique. — Affluent de la rive gauche de la Bresse.

LA VOIRE, *Vigora* (683), *Vera* (816, 830), *Vigera, Ivera, Viera, Vigore*. — De Sommevoire à Chalette. — Limite occidentale du terrain jurassique. — Affluent de la rive droite de l'Aube.

N° 2.

LISTE DES NOMS DE LIEUX HABITÉS AVANT L'AN 1000,

Suivant des documents authentiques.

ARRONDISSEMENT DE TROYES.

	Années.
Aix-en-Othe	IXe siècle.
Argentolles (commune de Créney)	IXe siècle.
Auxon	avant le Xe siècle.
Bonneval (commune de Saint-Jean-de-Bonneval)	753.
Bouilly	724.
Breban (Saint-Germain)	869.
Chessy	664.
Clérey	864.
Courcelles (Saint-Germain)	724.
Créney	753 (?).
Daudes (Montaulin)	753.
Herbigny (Cervets-Saint-Léger)	869.
Ile (Aumont)	545.
Javernant	877.
Jeugny	877.
Lirey	Ve siècle.
Montaulin	754.
Montiéramey, sous le nom de Nouvelle-Celle-en-Der	837.
Montier-la-Celle, sous le nom d'Ile-Germaine et de *His Lacus*	657.

Années.

Piney	862.
Prugny ou Prunay	753.
Ruvigny	avant 754.
Saint-Lyé, sous le nom de Mantenay	540.
Saint-Parres-aux-Tertres, sous le nom de Mont-aux-Idoles	275.
Sainte-Savine.	654.
Sivrey (Auxon)	886.
Thennelières	869.
Troyes.	1er siècle.
Vaucemain (Sommeval)	878.
Villacerf, sous le nom de Samblières	993.
Villery.	ve siècle.

ARRONDISSEMENT D'ARCIS-SUR-AUBE.

Arcis	IIIe siècle.
Braux	845.
Charmont, sous le nom de Colasverdei.	877.
Chavanges	753.
Coclois (*Cortis Claudia*)	avant 854.
Dampierre	980.
Mailly	859.
Méry	ve siècle.
Nogent-sur-Aube	884.
Ormes	886.
Pouan	854.
Ramerupt.	ve siècle.
Rilly-Sainte-Syre	275.
Saint-Mesmin, sous le nom du Breuil (*Brolium*)	454.
Valant.	884.
Viâpres-le-Petit, sous le nom de *Canoneïas*	400.
— — *Vicus aper*.	753.

ARRONDISSEMENT DE BAR-SUR-AUBE.

Bar-sur-Aube, sous le nom de *Segessera* .	IIIe siècle.
Bligny.	664.

Années.

Bossancourt	854.
Brienne-le-Château	832.
Brienne-la-Vieille	858.
Colombey	946.
Crespy	VIIe siècle.
Eclance, sous le nom de Saint-Brice	856.
Jessaint	980.
Lassicourt	854.
Molins	980.
Précy	845.
Rance	854.
Saint-Christophe, sous le nom de Dodinia-court	832.
Saint-Léger-sous-Brienne, sous le nom de Réquignicourt	991.
Spoy	664.
Thil	670.
Vendeuvre	664.
Vernonvilliers	856.
Ville-sur-Terre	854.

ARRONDISSEMENT DE BAR-SUR-SEINE.

Avalleurs (Bar-sur-Seine)	VIIIe siècle.
Bagneux	711.
Beurey	664.
Bourguignons	avant 854.
Chaource	896.
Chapelle-d'Auze (la)	753.
Chappes	753.
Courtenot (*Cortis Onulfi*)	896.
Etourvy	878.
Fouchères	710.
Lantages	753.
Polisot	859.
Polisy	878.
Pruzy	877.
Riceys (les)	VIIIe siècle.
Serres (Montceaux)	854.

	Années.
Turgy	877.
Vallières	885.
Villemorien	724.
Ville-sur-Arce	884.
Villy-en-Trodes	884.
Virey-sous-Bar	665.
Vougrey	753.

ARRONDISSEMENT DE NOGENT-SUR-SEINE.

Aulne (la Grande), (Nogent-sur-Seine) . .	IXe siècle.
Charmoy	884.
Lagnerey (Bercenay-le-Hayer)	884.
Mâcon	Ve siècle (?).
Marcilly	620.
Marnay	859.
Nogent-sur-Seine	620.
Perrigny	666.
Pont-sur-Seine	Ve siècle.
Quincey	880.
Saint-Martin-de-Bossenay, sous le nom de Bossenay	580.
Trancault	420.

Nº 3.

NOMS DE LIEUX EXISTANT AVANT L'AN 1000,

Et aujourd'hul disparus.

Balliolis (*pagus Breonensis*)	869.
Berville au même pays	»
Brinnia (*pagus Tricassinus*)	Charte de Charles-le-Chauve, sans date.
Comeranus mansus super fluvium madonia (*pagus Tricassinus*)	657.
Cresciacum (*pagus Tricassinus*)	754.
(Si ce n'est Créney.)	

	Années.
Floriniacus villa (*pagus Breonensis*) . .	860.
Gigny, *Gengiacum*, même *pagus*, territoire de La Rothière	854.
Novitias (*pagus Tricassinus*)	724.
Olumna (diocèse de Troyes)	969.
Oratorium (*pagus Tricassinus*)	884.
Targes (territoire de Poivre)	804.
Wlfont, *Wlfo*	724.

Nous n'avons pas compris dans cette liste *Blanum* ni *Clanum*, dont la destruction paraît dater du ve siècle.

N° 4.

NOMS DE LIEUX FORMÉS AVEC LA SYLLABE : COURT.

---

§ Ier.

Au nord et sur les bords de la rivière d'Aube.

ARRONDISSEMENT D'ARCIS-SUR-AUBE.

Romainecourt,   canton d'Arcis-sur-Aube.

Arambécourt,
Balignicourt,
Chassericourt,   canton de Chavanges.
Dardicourt (Aulnay),
Magnicourt,

Brillecourt,   canton de Ramerupt.
Verricourt,

ARRONDISSEMENT DE BAR-SUR-AUBE.

Bétignicourt,
Blaincourt,
Blignicourt,
Lassicourt,   canton de Brienne.
Dodiniacourt, aujourd'hui Saint-Christophe,
Réquignicourt, aujour-d'hui Saint-Léger,

Jaucourt,
Juvancourt,
Mauricourt, comm^{ne} de Champignolles,   canton de Bar-sur-Aube.

Montricourt,   canton de Soulaines, comm^{ne} d'Eclance.

Bossancourt,
Dolancourt,   canton de Vendeuvre.

Courcelles, canton de Brienne.
Coclois (*cortis Claudia*), canton de Ramerupt.

§ II.

Au midi de la rivière d'Aube.

ARRONDISSEMENT DE TROYES.

Courgerennes (Bûchères),
Courcelles (Saint-Germain),   canton de Troyes.

Courmononcle,
Courmorin, aujourd'hui Saint-Benoît-sur-Vannes,
Courtillat (Saint-Mards),   canton d'Aix-en-Othe.

Courcenay (Montfey),
Coursan,
Courtaoult,
Courtelon (Auxon),   canton d'Ervy.

Courteranges,
Courcelles (Clérey),   canton de Lusigny.

ARRONDISSEMENT D'ARCIS-SUR-AUBE.

Courlanges (Saint-Mesmin),   canton de Méry-sur-Seine.

ARRONDISSEMENT DE BAR-SUR-SEINE.

Courtenot (*Cortis Onulfi*),
Courbeton (Villemoyenne),   canton de Bar-sur-Seine.

Courtançon (Loges-Margueron),
Coursegrey, Coussegrey (*Curtis secreta*),   canton de Chaource.

Courteron,   canton de Mussy,

ARRONDISSEMENT DE NOGENT-SUR-SEINE.

Courceroy, Courtillot,	} canton de Nogent-s^r-Seine.
Courtavant, Courtioux,	} canton de Villenauxe.

Champsicourt, commune de Maraye.
Beaucourt, commune de Brevonnes.

N° 5.

NOMS DE LIEUX FORMÉS AVEC LE MOT : VILLE.

—

§ I.

Au nord et sur les bords méridionaux de la rivière d'Aube.

ARRONDISSEMENT D'ARCIS-SUR-AUBE.

Longueville,	canton de Méry.
Granville,	canton de Ramerupt.

ARRONDISSEMENT DE BAR-SUR-AUBE.

Ailleville, Arconville, Baroville, Proverville, Urville, Fraville, commune d'Arconville, Mondeville, commune de Champi- 　gnolles, aujourd'hui détruit,	} canton de Bar-sur-Aube.
Dienville, Puteville, commune de Rosnay,	} canton de Brienne.
Berville, aujourd'hui détruit, Meurville, Unienville,	} canton de Vendeuvre.

Villeret,　　　　　　　　　　canton de Chavanges.

§ II.

Au midi de la rivière d'Aube.

ARRONDISSEMENT DE TROYES.

Villacerf, Villechétif, Villeloup, Villebertin (Moussey), Villepart (Bréviandes), Villetard (Bûchères),	Cantons de Troyes.
Villemaur, Villemoiron,	canton d'Aix-en-Othe.
Villemereuil, Villery,	canton de Bouilly.
Villehardouin, Villevoque (Piney),	canton de Piney.

ARRONDISSEMENT DE BAR-SUR-SEINE.

Villemorien, Villemoyenne,	canton de Bar-sur-Seine.
Villemienne,	commune et canton de Chaource.

ARRONDISSEMENT DE NOGENT-SUR-SEINE.

Villecerf, Villadin,	canton de Marcilly-le-Hayer.
Villenauxe,	chef-lieu de canton.

Longeville,	canton de Bouilly.
Neuville-sur-Vanne,	canton d'Estissac.
Neuville-sur-Seine,	canton de Mussy.
Landreville,	canton d'Essoyes.
Belleville,	canton de Marcilly-le-Hayer.

Ainsi qu'on peut le remarquer, nous n'avons pas compris dans cette liste aucune des *Villeneuves,* qui sont répandues dans le département.

N° 6.

OBSERVATIONS SUR QUELQUES ERREURS GÉOGRAPHIQUES.

Nous croyons utile de signaler quelques erreurs contenues dans certains ouvrages de géographie ancienne qui intéressent notre contrée. Les auteurs ont trop d'autorité pour que ces rectifications portent atteinte à leur mérite scientifique. Nous nous décidons à signaler ces erreurs, en raison de l'utilité de la rectification, et nous ne faisons que nous rendre aux vœux exprimés par M. le Ministre de l'instruction publique dans l'une de ses circulaires.

M. Guérard (1) place Bar-sur-Aube dans le Bassigny et en même temps dans le Barrois. Le Bassigny s'étend beaucoup moins loin vers l'Ouest, et il ne comprend pas le territoire de Bar-sur-Aube. Chaumont ne serait pas même situé dans le Bassigny primitif, qui comprend Nogent, Andelot, etc. Ce ne serait qu'au xiie siècle que le chef-lieu du département de la Haute-Marne aurait été dit *en Bassigny*, parce que cette ville devint le siége du bailliage du Bassigny. Jacques Vignier, dans sa Décade historique du diocèse de Langres, qualifie Chaumont de capitale du Bassigny royal.

Le savant M. Guérard fait, avec un point de doute, il est vrai, de Rothières un *pagus* ou pays de Champagne (2). Il s'agit de Perthes-en-Rothières, village situé dans la plaine de Brienne. On peut voir ce que nous avons dit du mot Rothières et sur la valeur de ce mot (3). M. Guérard, en citant Montier-en-Ile, aujourd'hui Mothé, crée un pays d'*Ile*. Il ne s'agit ici que d'un prieuré, d'un *moutier* placé dans une île que formait la rivière d'Aube. Aujourd'hui on nomme ce lieu le Prieuré, et autrefois Montier ou Moustier-en-Ile.

Dans la traduction des Annales de saint Bertin, édition de

---

(1) *Provinces et pays de la France,* Annuaire historique pour 1837.

(2) M. Duruy, qui a sans doute copié M. Guérard, ne reproduit pas le point de doute.

(3) Des noms de lieux, page 100.

M. Guizot, le nom latin *Alsensis* a été traduit par *Azois*, et ce pays a été placé entre Troyes et Bar-sur-Aube. Dans la Collection des Historiens gaulois et français (t. VII, page 60, note C) il y a une dissertation tendant à fixer le lieu de ce pays. Les uns en font l'*Auxois*, d'autres le *Laçois*. Il y a erreur. Il s'agit ici de l'*Azois*, contrée située au confluent de l'Aube et de l'Aujon, près de Clairvaux. On trouve sur l'Aube, Villars-en-Azois; sur l'Aujon, Cirfontaine-en-Azois. Les Annales de saint Bertin, écrites par saint Prudence, évêque de Troyes, rapportent qu'en 842 Charles le Chauve, sortant de Châlons, vint à Troyes, et, de cette ville, se rendit à Toul en traversant l'*Alsensis*, l'Azois. Ce chemin était encore, plusieurs siècles après l'an 842, celui que l'on suivait pour se rendre de Troyes dans l'Est de la France.

Nous ne rappellerons pas ce qui touche au Barrois; on peut voir ce que nous en avons dit, pages 31 et 122.

Dans sa Notice des Gaules, sous le titre : *Arcisisi pagi*, Hadrien de Valois explique le texte *Tres Arcisisas*, du capitulaire, donné en 853 par Charles le Chauve, en indiquant qu'il désigne trois pays : Arcis-sur-Aube (Aube), Arc-sur-Aujon, qui est le même qu'Arc-en-Barrois (Haute-Marne), et Arc-sur-Tille (Côte-d'Or). Cette explication nous paraît erronée. Nous croyons que le texte primitif a été mal rapporté. D'abord parce que les trois pays nommés par Hadrien de Valois appartiennent à des contrées fort éloignées l'une de l'autre, et que rien n'explique la réunion de ces trois pays sous un même nom; ensuite parce que le Barrois, duquel dépend Arc-en-Barrois, est désigné dans le premier missatique du capitulaire avec le Perthois et le Bassigny, et que Arc-sur-Thil, voisin de Dijon, dépend du Dijonnais compris dans le onzième missatique. Nous croyons donc le texte : *Tres Arcisisas* erroné. Il faut prendre le pays qu'il désigne seulement pour Arcis-sur-Aube : pays qui se groupe naturellement avec ceux qui forment le dixième missatique.

TABLE DES MATIÈRES.

Nous rectifions ce que nous avons dit de la tombelle d'Aulnay à la page **65**, en disant qu'il y a été trouvé une petite tête de bœuf en métal datant de l'époque celtique.

La réduction de l'échelle de la carte n'a pas permis d'y indiquer les flots de terrain jurassique sur lesquels sont assis Chaource et Vendeuvre.

Extrait des Mémoires de la Société Académique de l'Aube.
Tome XXV. 1861.

TROYES, TYP. DUFOUR-BOUQUOT.

y à

euf

ner
et

be.

Tome XXV. 1861

CARTE

GÉOLOGIQUE & ARCHÉOLOGIQUE

DU

DÉPARTEMENT DE L'AUBE,

Dressée par Mr. T. BOUTIOT.

Lith. M.me Jardeaux à Bar-s-Aube

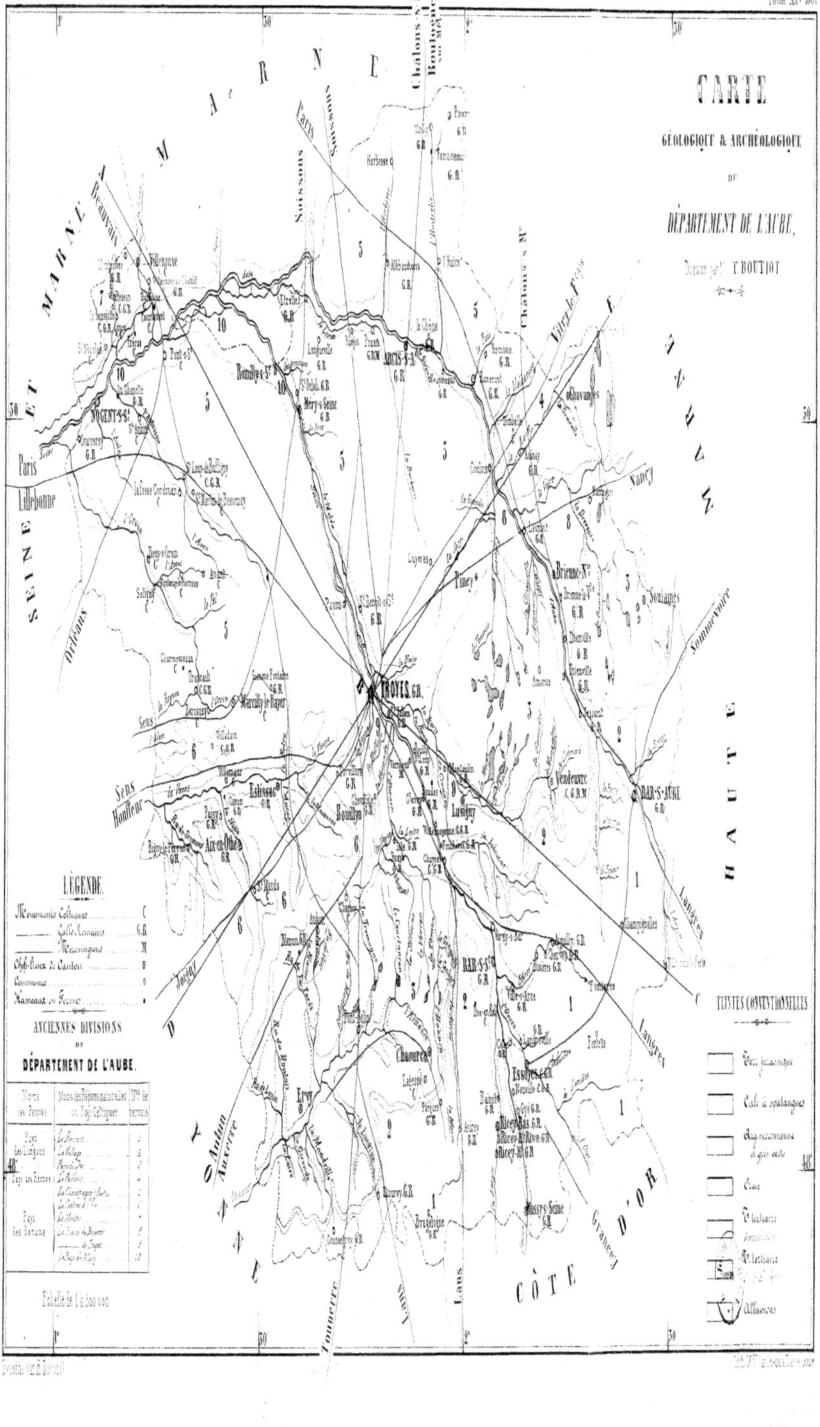

CARTE
GÉOLOGIQUE & ARCHÉOLOGIQUE
DU
DÉPARTEMENT DE L'AUBE,
Dressée par T. BOUTIOT

MARNE
SEINE ET MARNE
HAUTE MARNE
CÔTE D'OR
YONNE

Paris
Lillebonne
Soissons
Châlons s/M.
Boulogne s/M.
Vitry-le-Fis
Nancy
Langres
Sens
Sens
Honfleur
Autun
Auxerre
Tonnerre
Laon

NOGENT-S-St
ARCIS-S-A. G.R.
TROYES. G.R.
BAR-S-AUBE. G.R.
BAR-S-St G.R.
Brienne-N.
Vendeuvre
Lusigny
Estissac
Aix-en-Othe G.R.
Marcilly-le-Hayer
Piney
Essoyes. G.R.
Chaource
Les Riceys
Mussy-s-Seine G.R.
Lyry

LÉGENDE.
Monuments Celtiques C
Gallo-Romains .... G.R.
Mérovingiens .... M
Chefs-Lieux de Canton .... ⊙
Communes .... ○
Hameaux ou Fermes .... •

ANCIENNES DIVISIONS
DU
DÉPARTEMENT DE L'AUBE.

TEINTES CONVENTIONNELLES

Échelle de 1 à 500,000